部落差別の原因

国家による天候支配の思想＝仏教の「殺生禁断」

川元祥一

三一書房

序文

一八七一年（明治四）七月、明治政府は「穢多・非人の称廃止。職業身分共に平民同等たるべきこと」という、俗に「解放令」といいながら、中身は「賤称廃止令」（以後この呼名を使う）に過ぎないといわれる江戸時代の身分制度を廃止する制令や、「徴兵令」「学制」など、欧米を倣った新しい制度がいくつか発表された。しかし一部に反対論も強く、二年後には今の岡山県美作地方で「美作血税一揆」（当時「徴兵制」は国民の「血」を採る〈血税〉と噂され、これに反対する意味が強かった）も起こった。「徴兵制」「穢多・非人の称を排止し職業身分共に平民同等」など明治政府の主な政策に反対する農民や下級武士（江戸時代の武士は国・藩を守る軍隊と自覚されていた）等が立ち上がり、一揆は途中から強訴となって、当時の県庁、あるいはそこにある政府機関への抵抗となったのであるが（『明治初年農民騒擾録』土屋喬雄・小野道雄編、勁草書房）この一揆・強訴に被差別部落も村ごと参加するよう求められており、参加しない村は打毀（うちこわし）などとも語られていた。

とはいえ、当時としては画期的な「賤称廃止令」を出した明治政府の方針に反対する「被差別部落」があるとは考えられないことで、強訴に積極的に参加する「被差別部落」は存在しなかった。そして、強訴の流れの後半になると、「穢多・非人」をそのままにしておけ、と主張する一揆・強訴勢からの襲撃を恐れ、「元の穢多のままでようござんす」などと書いた紙を村の入り口に揚げた村もあった。しかし最初から一揆・強訴に反対し、抵抗する村もあり、そうした「被差別部落」では一揆・強訴勢と厳しく対立し、一揆・強訴勢による「打毀」「焼掃」などが起こり、そうした対立のなかで当時の美作（現在の岡山県津山市の一部）の山村で十八名が一揆・強訴勢の竹槍で殺害される事態まで起った（『近代部落史資料集成 第二巻』「解放令」反対一揆 監修：原田伴彦・渡辺徹・秋定嘉和、三一書房）。

この時の被害者への追悼は百五十年たった今も続けられ、被害者の当時の情況など、新しい証拠などが発見されている（『解放新聞』二〇二二年七月二五日号、美作騒擾一五〇年の集い追悼集会実行委員会）。

実は私が育った村も、この美作地方で、十八名の死者を出した山村から南に四キロ程の場所であった。母の話では、遠い親戚にあたる家もあって、冠婚葬祭には往き来する関係にあったという。

かくいう私の村は、その一揆・強訴（以下権力に向かう以外は〈一揆〉とする）のとき、一揆に抵抗し対立した山村とは違って、早くから「元の穢多のままでようござんす」の一文を書いた紙を村境に掲げていたという。そのためだろう、村全体の「打毀」はなかった。しかし、一揆勢はそれだけで村を素通りしたわけではなく、一つの要求を突きつけて一部の家をとり囲んでいたという。当時二十戸くらいの村の内で、二戸だけは見逃せない事情があるというのだった。その二戸の内の一戸が私の家だった。見逃せない理由とは、村内でこの二戸が職業として「屠牛」（牛を殺して皮革を作ったり肉を売る）をしており、一揆勢はこの「屠牛」を、「屠牛の醜業」と呼び、この「屠牛の醜業」を止めるよう要求したのだった。「屠牛の醜業」を止めないと、この二軒を「打毀」にするという要求だったのである。

私は幼いころ、この時の様子を祖母から聞いていて、事件の社会的背景はもちろん、その時の人の動きなどを理解する能力もないまま、竹槍をもった人が大勢村に押し寄せる印象だけを残していた。部落問題を意識するようになってからその印象を同和教育の副教材に使われていた『にんげん』などに書いた。私が小学生高学年のころには、母からその時の様子をかなりリアルな話として聞いていた。母の話では「この家の先祖になるお爺さんがなあ、裸にされて庭に引き出されてなあ、棒で叩かれながら〃いうことをきけえ〃いうて何回も叩かれたんで、それでもお爺さんはいうことをきかなかったんで……」だ。

後で部落問題を学習していて、この時の様子の概要が書かれた冊子等が出まわっているのに気づいた。

一揆側はこの時、私の村にある「屠牛」の家だけは許せないと迫っていた。その「屠牛」の家が村内に二軒。一軒が私の家だった。一揆勢はその二軒を「屠牛の醜業」と呼び、その職を止めるよう迫っていたのである（『近代部落史資料集成　第二巻「解放令反対一揆」』監修：原田伴彦・渡辺徹・秋定嘉和、三一書房）。

これに対して私の家の当主は「頑として拒絶」したと伝えられている。母の話はこの時の様子であろうが、母の年齢からして彼女も親など、先人から聞いた話を私に伝えたのだ。母の話では、当主が廃業を承知しない場合、家の大黒柱が切られることになる情況だったという。しかも当主はその時廃業を承知しなかったので、結局は家財等が庭に放り出される「打毀」にあっている（前掲書）。その後わが家は「屠牛の家業」を本格的に復興できず、数年で廃業した様子で、家計は破綻状態だった。しかし、幼い私には、家計よりも、その時の大黒柱がどうなったのかが気になっていた。床の下に潜り込んで調べてみようかとしばしば考えたが、実行しないまま高校を卒業してから東京に出て、働きながらの大学生となった。私の想像では、大黒柱の部分は改修されたのではないかと思っている。

この母の話を聞いたのは小学生高学年だったが、私の脳裏に残るのは、家の経済的破綻よりも何よりも「屠牛」がなぜ「醜業」なのか、なぜそれを「止めなければならないのか」という思いだった。

大学に通い始め、様々なことに関心を持ったが、主要には部落問題が気になり、それを主に学習するようになっていた。そして、少なくともその問題の中心に「屠者」「餌取（肉を売る）」「屠児」等が「河原者」「皮田」「穢多」などと呼ばれて存在するのを知り、それをより一般的に知ることが出来る史料的文献として中世の辞書『塵袋』などを知ることになる。

『塵袋』には次のように書かれている。「キヨメヲヱタト云フハ何ナル詞ハゾ。根本ハ餌取ト云フベキカ」としながら最後に「其レヲ非人・カタヒ・エタナド、人マシロヒモセヌ、オナシサマ（様）ノモノナレバ（略）天竺ニ旃陀羅ト云フハ屠者〈トシャ・ホフルモノ〉也。イキ物ヲ殺テウル（売る）、エタ体ノ悪人也」（『塵袋1』大西晴隆・木村紀子校注、東洋文庫）（）は川元。

この辞書は作者不明であるが、そこに書かれていることが一方的な差別観なのは私にもすぐわかった。しかも「屠者＝悪人」と決めつけるのは、この辞書が書かれた時期を反映しているだろうことも容易に想像できた。また、そうした背景を示す研究者の文献、論文も多くみることができる。例えば、現代的視点で中世史をやっていた脇田晴子は、中世の差別の一つ「穢多差別」について、中世的重層を取り込みながら鋭い指摘をしている。「差別された職業には（略）屠殺、葬送、巫覡（ふげき）、傀儡子（くぐつ）などが根幹をなしている。これは原始・古代における呪術的信仰と不可分なもので、祭祀者（さいししゃ）的な位置にあった職掌である。（略）仏教の殺生禁断思想や、陰陽道（おんみょうどう）の触穢（しょくわい）思想が、大陸から輸入されるに及んで、葬送や屠殺に従事することが忌避されるようになった」（『部落の歴史と解放運動 前近代篇』部落問題研究所編）とする。

全ての文献、研究論文が同じ視点で書かれているわけではないが、『塵袋』（作者不明一二六四～八八年）の時代、あるいはそれ以降「屠者」「餌取」「屠児」等が脇田の指摘にもあるように差別されていたのは確かなようだ。

しかしなぜなのか。なぜ「屠者」が「差別」され「醜業」と呼ばれるのか。なぜその職業をやめなくてはならないのか。現代の肉食文化の旺盛からして考えられないことであるが、差別は今も続いている。これは信じ難いことであり、一定の動物を神聖視して食べなかったり、殺したりしないタブーの歴史は各地に見られるとはいえ、それらタブーも消えつつある現代、そして現代日本をはじめ多くの国での肉食文化の現状は、そうしたタブー禁忌をはるかに越えて繁盛しており、人々に愛されており、日本はそうした国の一つといっても決して過言ではない。それなのになぜ、「仏教の殺生禁断思想や陰陽道の触穢思想」に基づくといわれる部落差別が今日まで続き、残るのか――。

このように指摘したいが、しかし今日の日本での肉食文化の普及、繁盛を考えれば、このようにいう私の言葉さえも信じられないのが実感ではないか、そんな思いが先立つのである。しかし差別も事実なので、一定の証拠を挙げて話を続けたい。ほんの数年前、二〇一六年に法務省が制定した「部落差別の解消の推進に関する法律」（部落差別解消推進法）においても、「この法律は、現在もなお部落差別が存在するとともに、情報化の進展に伴って部落差別に関する状況の変化が生じていることを踏まえ」ているとしている。このようにいわざるえないのが現実だ。ここにいう「情報化の進展」とは、インターネットの普及で、差別の表現、発信の手法が変わっていることを意味し、差別の内容はほとんど変わらないものである。なぜなのか——。

なぜこの差別はいつまでも残るのか。この問題は、日本の民主主義のために、そして人々の平和な生活のために、どうしても解決しなくてはならない問題、と私は考える。そしてその問題解決のために、誰もが納得できる実証的、科学的手法による原因、根拠の解明が必要であると私は強く考える。そのためには、まずは部落差別が始まる原点・端緒の実証、そしてその原点・端緒が社会に拡大していく根拠と、その原理、そしてその拡大が社会的に定着する歴史的過程を実証的、科学的に示す必要があると強く考えるのである。

いうまでもないが、その根拠、差別が発生する原点・端緒を探り当て、その原点・端緒が社会に拡大していく原理、システムを探り出し、それを単に「仏教の殺生禁断思想、陰陽道の触穢思想」と指摘するだけで終わるのでなく、それらがどのような思想・観念なのか、その思想・観念がどのように作用して、人が人を差別する思想になるのか。そうしたことを具体的にあぶりだし、人が人を差別する思想の中で、誰がどのような経過で「差別される人」になるのか、それはいつ、どのような情況の中で起こるのか、そうしたことを探求し、人々が肉食文化をこれほど楽しみ、それが定着しているにもかかわらず、それを造る者への差別がなぜ残るのか。

なぜ明治初期の農民たちはあれほどに「穢多・非人」を嫌い、憎んだのか、その差別の実態はよくわかった。嫌というほど分かった。私が今知りたいのは、〝なぜそうなのか〟ということだ。それは〝差別があるからだ〟では済まされない。〝なぜそこまでも〟と、そうした問題意識を持ち、それを解明する手掛かりを掴みたい。そうした潜在意識を実証的に、さらにはより具体的な科学として把握するため、その課題を私は「部落差別の原因」として考察する。

もくじ

第一章　その原点・端緒

一節　部落差別が始まる原点にある思想

一　神仏習合政治＝国家仏教の戒律の裏側「破戒＝悪＝排除」

脇田晴子を始め、多くの歴史家が指摘するとおり、部落差別の基幹にある「屠者」「屠児」「餌取」などが仏教の殺生禁断思想（仏教では本来これを「不殺生戒」という）、「殺生禁断」はその政治用語である。今後この二つを使い分ける）、陰陽道の「触穢思想」、これについても仏教だけでなく、原始・古代の世界中の呪術の手法、シャーマンの手法・思想として用いられた。世界の呪術を分類、分析した十九世紀のイギリスの人類学者ジェームス・フレイザーは『金枝篇』という本でその手法・思想を「類感呪術」（類は供を呼ぶに等しい）と呼び、非合理なものとして紹介した。本論はこのフレイザーの論を併用しながら「触穢思想」を考える。

日本に伝来した仏教は、最初からそうした戒律、禁制や、それらを破った場合のネガティブな思想、一方的で独善的な罰則ともいえる発想を持っていて、それを脅迫的に強調する特徴を持っている。それらの論説の一部が、この後史料として見ていく部落差別の原点、あるいはその端緒にある、偏見、差別観、あるいは「悪」「咎」「罪業罪穢」に直結するのであり、仮にそれらネガテイブな論説に何かの正当性があるとしても、それは、その仏教を信仰する人の問題、課題であって、信仰しない人には関係のない性質のものであるはずだ。しかし個人の信仰を他者に及ぼす思想性をもつ「大乗仏教」と、もう一つ日本独特の信仰形態といえる「神仏習合」の社会的政治的体質、別のいい方をすれば、仏教が日本に伝来した当時から国家仏教として普及、波及している体質にあっては、仏教と国家、その権力は常に一体的であり、「禁制」や「戒律」、さらにはそれらを破った時の罰則にあたるネガティブな思想（一方的・独善的偏見にあたるもの）部分も、国家的制度や、その国家的罰則と同質の意味を持つこととなり、これが日本独特の仏教の影響となり、同時に社会的影響、あるいは社会的結果といえるものに結集する、といえるだろう。

脇田晴子など多くの歴史家が指摘する仏教と部落差別の関係にあっても、「仏教の殺生禁断思想や陰陽道の触穢思想」（陰陽道も天皇の朝廷にある陰陽寮が指導した）そうした国家的、そして国家権力の内的作用として影響したことを決して忘れてはならない。

日本のインテリの中には「穢れを避けるのは人間の本性であって、穢れを避ける差別はなくならない」と、どこかの学者が何かに書いていたことをオウム返しにいって得意がる人が意外と多いが、「穢れを避けるのが人間の本性でありそれを避ける」のは日本の天皇だけであって、庶民は、穢れも聖性も含め、生と死も含めて、あらゆるものを背負って悪戦苦闘、生き死にしているのであり、穢れや死が怖いからこそ、敢えてそれに触れ、医学や細菌の研究がすすんでいるのだ。そうしたことは今度の新型コロナの流行が最もよく証明したことではなかろうか。

二　仏教が政治的、制度的影響力を持った

先に中世の「穢多差別」、あるいは「屠者」への差別が仏教の「殺生禁断思想」から始まったとする論説を見てきたが、それが仏教を知らずに生きた人、信仰してない人の多くの民衆にどのように影響し関係し、どのような形で結びつくのか、その接点を中世の「穢多差別」、近世以降体制的、制度的になっていく部落差別に的を絞ってその具体的流れを史料とともに見ていく。

中世の「穢多差別」の発生が仏教の「殺生禁断思想」や陰陽道の「触穢思想」に関連するという説を学者の説として見てきた。仏教の思想、その戒律の中で重要な位置を占める「殺生禁断思想」は、仏教としては「不殺生戒」と呼ばれ、仏教が「国家仏教」として、つまり国家権力の実質として使われる時「殺生禁断」という言葉が用いられる。日本ではこれはすでに「信仰」の範疇を越えて、国家的制度として用いられており、これが日本独特の仏教の社会的影響であり、あるいはその結果であることを見失ってはならない。「穢多差別」とか、近世以降の「部落差別」もその範疇にある。

三「護国三部経」に見られる「不殺生戒」

わが国で神仏習合政治の始まりを告げる契機といえば五八七年、用明天皇が仏教を政治に取り込んだことであろう(『日本書紀 下』講談社学術文庫)。

そうだとすると、古代天皇制政治から始まる国家仏教の思想・戒律による「一方的・独善的」罰則・偏見・差別がどのような経緯で「中世差別」として現れるのか。古代律令制の賤民制と仏教は関係あったのか無かったのか。こうした問題も考えなくてはならないが、本論では古代律令制賤民と、わが国の神仏習合政治による賤民とでは、大きな違いがあると考える。その証明は、本論のテーマ「部落差別の原因」を解明していけば自ずとわかることなので、追々に証明する。

二節　仏教の戒律「不殺生戒」

一「不殺生戒」はほぼすべての教団の第一義的戒律

仏教による「不殺生戒」、その政治用語としての「殺生禁断」を考えるには、何を置いてもまず国家仏教として最初に国家に選ばれた「護国三部経」—天皇・国家のためにある経—を見なくてはならないだろう。脇田晴子たちが指摘した「仏教の殺生禁断思想」をより根源的に見るためにも、ここから始めるのが適当と思われる。その「護国三部経」は「金光明最勝王経」（以下「金光明経」）「仁王般若波羅蜜経」（以下「仁王経」）「法華経」の三仏典である。これらの中で、さらに国家によって最重要視されたのが「金光明経」だとされているので『西大寺本　金光明最勝王経古點の国語学的研究』（春日政治著作集　別巻、勉誠社）、この経典を手掛かりに進めていく。この経典は「国分寺経」とも呼ばれ、全国の国分寺に配置され信仰・教学・布教に活用された。その経典の中にある「不殺生戒」＝「殺生禁断思想」は、経典でいう「十戒」の中にあり（修行僧にはもっと多くの戒律がある）、他の宗派の経典にある戒律もほぼこれと同じで、どこも「不殺生戒」が第一義的にあつかわれているが、それは次のようだ。

不殺生　故意に生き物を殺さない。
不偸盗　与えられていないものを自分のものとしない。
不邪淫　不倫をしない。
不妄語　嘘をつかない。
不綺語　中身の無い言葉を話さない。
不悪口　乱暴な言葉を使わない。

不両舌　他人を仲違いさせるようなことをいわない。
不慳貪　異常な欲を持たない。
不瞋恚　異常な怒りを持たない。
不邪見　誤った見解を持たない。（『仏典講座⒀金光明経』壬生台舜、大蔵出版、一九八七）。

経典はこうした戒律を示しながらこの「戒律」を守ることを「善行」とし、それを「破戒」することを「罪悪」「悪行」とし、その「善行」「悪行」が様々な情況で説かれる。そしてそのうえで「悪行」も懺悔して仏像・寺を建て、「放生会」などをすることでリセットされる。そうした教説も同時に語られている。

二　「金光明経最終巻」の偏見＝一方的・独善的価値観＝部落差別の原点

ところで、この「金光明経」の戒律にある最初の項「不殺生戒」であるが、私が本論で参考にしている「西大寺本」では、戒律全体をとおして、それをよく守る「善行」と、破戒的な行為としての「悪行」が細かく説かれているのであるが、なぜか第一項目にあげている「不殺生」については細々としたことが書かれておらず、「金光明経最終巻」で特別に書いていると記されている。だから私はこの「金光明経最終巻」を探したのであるが、参考にしている「西大寺本」

にはどこを見ても載ってないのである。またその「最終巻」はなぜか、普通の日本語訳された「金光明経」で見出すことができないのである。なぜそうなのか理由はわからないが、さんざん探した後、ふとしたことから、その「最終巻」が、全く異なった仏典「一切経」の中にあるのを見出したのである。（『国譯一切経』大東出版社）。この「一切経」は「仏典の集成」ともいわれ、空海などによって広まったとされる（『大日本歴史事典』小学館）。

その「一切経」にある「金光明経最終巻」では、その前半で次のように書かれる。「養う所の鶏・猪・鵞（がちょう）・鴨、肉用の徒（インドの家畜・川元）、みな悉く放生す。家々に肉を断じ、人善念して屠行を立てず」。つまり「不殺生戒」によって「肉用の徒は、みな悉く放生す」と説き、そのうえ「家々に肉を断じ、人善念して屠行を立てず」と説いているのである。つまり「屠行」が「悪」であり、「放生」が「善行」と主張される。しかもその後半では「一切の衆罪は懺悔せば皆滅するも、唯、殺生のみは懺悔するも除かれず。怨家あって専心するが為なり」とする。（『国譯一切経』大東出版社）。

これが「護国三部経」で最も重視された「金光明経」の最終巻の教説であるが――なぜ「一切経」だけにこれが載っているのか理由はわからないものの――インドを対象にして、その家畜の「屠行」「肉食」は「懺悔しても救われない」とするのである。

平凡ないい方をすれば、私はこれを、人間が作った戒律としては「ありえない」と思うし、さらには、人間の存在、または地球上の生物の生命の存在からして間違いと思うのである。なぜなら、地球上の動・植物が生存の根拠とする「類的存在」としての「食物連鎖」を否定しているからであり、悲しいかなこうした発想は「普遍性」を失っていると思うからである。

こうした内容をもつ「金光明経最終巻」であるが、この戒律の規定が実行され「屠行」する者や家畜の「肉」を「食う者」が、少なくとも「金光明経」の「不殺生戒」によって「悪」とされ、すくなくとも日本の神仏習合政治のうえでは「排除」「差別」されるのは見え透いていることになるだろう。

例えば、中国でも当然仏教の「不殺生戒」は伝わっており（中国では「戒殺」という）、やはり話題となり、さまざまな対応が生まれている。中でも、明政権の末とされる時代（一六六〇年代）の末期、中国の仏教界で「不殺生戒」（戒殺）を守り、厳しい姿勢を取った袾宏（チュウコウ）という僧は、この思想を社会に広めようと「戒殺文」と「放生文」を書いているが、前者の序文の書き出しは次のようだ。「世人はみな肉を食べることは当然のことだという。すなわち勝手に生き物を殺して、広くそれら生物の怨みをかっているが、それは習慣となっていて、少しも自覚反省をしない」（『中国仏教史全集　第三巻』書苑）。

当時の中国の肉食情況と、仏教の「不殺生戒」の乖離がみごとに描写されていると思うが、ここにある情況の特徴は、仏教の戒律が信者一人一人のものとして存在しているが、国家仏教として存在するわけではない、その違いそのものと考えてよいだろう。つまりここに書かれているとおり、中国では仏教の戒律が信者以外に影響を及ぼすことはなかった。

こうした隣国とは反対に、日本では、伝来した仏教を国家的に導入し、国家仏教、ひいては神仏習合政治にまで取り込んだため、仏教の戒律が国家の規範、国民の生活規範にまで拡大・侵入し、しかも「一方的・独善的」思想として、脅迫的、強権的に社会化する形を伴った。そしてそれが、一方的・独善的価値観、あるいは「偏見」として「屠者」「屠児」「餌取」を固定的に差別する傾向を生み、社会現象を生むこととなる。日本人なら多くが認識していたと思われる「肉食禁止」にしても、鎌倉時代にはかなり厳しくなり、近世、江戸時代は大半の国民がこれを守り――陰では将軍をはじめ庶民も「滋養のため」に肉を食べていたが――、食べないのが生活習慣のようになったのは確かなことである。

かかる世情の端緒となった「金光明経最終巻」の戒律の規定を私は「部落差別の原点」、その「端緒」とする。脇田晴子が中世に「差別された職業」として「屠殺」＝「屠者」を挙げるのはこのような背景があるだろう。

第二章　仏教による「天候支配」「自然支配」の妄想

一節　神仏習合政治と仏教の戒律

一　天皇に尽くす仏教、その教説——「護国三部経」より

「金光明経最終巻」の戒律の規定に私は「部落差別の原点」を見るといったが、この点については後で詳しく触れるとして、この時点では、「護国三部経」の「金光明経」あるいは「仁王般若波羅蜜経」＝「仁王経」が、農業など人間が直接接触する自然に対してどんな自然観を持っていたか見ておきたい。これらの中にある仏教を中心とした一方的・独善的発想が、先に見た「金光明経最終巻」の「不殺生戒」などに大きな影響をあたえていると思うのであり、強いていえば、日本の神仏習合政治に影響したと考えられるからである。例えばここにいう「金光明経」の正式名「金光明最勝王経」は、その国の「最勝王」＝「天皇」のための経典という意味であり、そこにある教説がその「最勝王」のためであるため、天皇に直接影響し、天皇が自ら勅する「詔」として発令したと同じ性質をもつ場面が生まれることがある。

どの国でもいいが、その国の「最勝王」が金光明経を受理する（信じる）のが前提であり、それを受理すれば次のような効果・利益があると説かれる。（）は川元。

「其の国土に四種の利益有る。（略）一者（一つは）国王は軍衆強く盛んにして、諸の怨敵無けむ。疫病を離れて、寿命延びて長からむ。（略）二者（二つは）中宮の妃后王子諸臣は和悦して争い無けむ。（略）三者（三つは）沙門婆羅門（バラモン）及諸の国人は、正法を修行せむ（宗教関係者および民衆がこの教義と戒律を守れば）。病無くして安楽ならむ。（略）。諸の福田を悉く皆修立せむ（田畑の生命も回復する）。四者（四つは）三時（インドの三季、熱時・雨時・寒時。または農業に大切な節季、春・夏・秋）の中に四大王（持国天・増長天・広目天・多聞天）が現れる（いずれも偶像）」（『春日政治著作集』別巻）。

こうした論説が「金光明経」の中にあるため、わが国の天皇もそれに習って「修行」し、国民にそれを告げることとなる。

二　高圧的で差別的な仏説

もう一つ、こうした教説と、先に見た「戒律」の「不殺生戒」に関連するものとして私が警鐘を鳴らしたいものがある。

「金光明経」は先の戒律を挙げて、これをよく守る者を「善男善女」とし、それを守らない者を「悪」として「悪男悪女」とするが、農耕生活をする者には、天候の良し悪しは、生命にもかかわる問題であり、その良し悪しを、仏教の戒律を守るかどうかで決められたら、自然を対象にした農耕生活そのものが成り立たなくなるだろう。しかし、この後詳しく見るように、わが国の「神仏習合政治」では、そうした仏教的発想が生活一般、中でも農耕生活に取り込まれていくケースが多いのである。

神仏習合政治・国家仏教で最も重視されたといわれる「金光明経」にあっても、その戒律は人の生活、行為を律するだけでなく、人と自然の関係にまで踏み込んで、人の社会生活に拡大していく。これは、先にいった「差別の原因」＝「悪としての屠者」の思想が社会に拡大していく過程と同一と考えられる事柄である。またそれは「金光明経」だけでなく、「護国三部経」の「仁王経」も、人と自然との関係を仏教の戒律として述べるところが多いのであり、「仁王経」の教説と戒律を守らないと人の世に「七難」が起こるとし、そのうち「六難」までが天変地異が起こるとしての教説なのだ。この「仁王経」は後で詳しく見る機会があるのでそこで具体例を挙げることとする。

「護国三部経」のもう一つ「法華経」は、「王」「君主」に関係なく「衆生」を対象にする要素が強くて、そのためか、東大寺ではなく主要には「国分尼寺」に配置されていた。そしてそこでは戒律はあまり重視されなくて、「法華経」そのものを「正教」と呼び、これを誹謗・非難する者は身体障害者、病弱になり、「癩病（ハンセン病）」になるとする。ここにもやはり一方的・独善的な「差別」思想があるが、それでも「法華経」を信じれば回帰すると説くのである。

また、「屠者」が嫌われ者であることも説いている。しかし「法華経」を信じれば救われるとするところが三部経の中では特色となるだろう（『法華経　上』坂本幸男・坂本裕訳注、岩波文庫）。

第三章　日本では「殺生禁断」が「天候支配」のイデオロギー化する

一節　この国で初めて「殺生禁断」「肉食禁止」を発令した天武天皇

一　家畜に絞られ「金光明経最終巻」に通底する禁令

六七五年、天武天皇がこの国で初めて「殺生禁断」「肉食禁止」を発令した。彼はなぜこうした禁令を発令したか、その契機などを考えたい。

禁令は次のようだ。「今後、漁業や狩猟に従事する者は、檻や落とし穴、仕掛け槍などを作ってはならぬ（稚魚の保護―引用文ママ）。また牛・馬・犬・猿・鶏の肉を食べてはならぬ。それ以外は禁制に触れない」（『日本書紀（下）』前掲）だ。なお、この引用文の最後にいわれる「それ以外は禁制に触れない」が問題になるが、それは家畜、漁業以外での動物を対象にしたもので、当時貴族たちの間で盛んに行なわれた「鹿狩」「猪狩」と考えられ、これら二つの動物を意味すると考えられる。

そしてこの例外があることから、この禁令が「家畜」に絞られていると私は考える。禁令は次のように続く。「四月一日以降九月三十日までは、隙間の狭い梁を設けて魚をとってはならぬ（稚魚の保護―引用ママ）」。ここにいう「四月一日以降九月三十日まで」を農繁期を示すとし、禁令全体が「半年」とする見解もあるが、この期間の限定は「隙間の狭い梁を設けて魚をとってはならぬ」に掛かるのであり、引用文の現代語訳・宇治谷孟がカッコ内であえて指摘しているように、それは現代でも活用される「稚魚の保護」と考えられる。

後で詳しく見るが十世紀に施行された「延喜式」にある「穢忌・蝕穢」の規定にあっても、その規定が家畜に絞られているのは確かで、六畜（牛、馬、羊、犬、猿、鶏『広辞苑』）（『新訂増補　国史大系　交替式・弘仁式・延喜式前編』吉川弘文館）とされており、天武の禁令と「延喜式」規定の両者は、「金光明経最終巻」に書かれた、インドの家畜に通底する仏教的思想があると考えてよいと思う。その証拠に天武天皇はこの禁令を出す直前、「写経生を集めて、川原寺で一切経の写経をはじめられた」と記されている（『日本書紀（下）』前掲）。そのうえ、禁令発布の直後には、「使いを各地に遣わして一切経を求めさせた」（前掲）とも書かれており、全国の国司たちに「一切経」を広めるよう命じたものと考えてよいだろう。こうした前後の様子から、日本で初めてという「殺生禁断」「肉食禁令」が、「一切経」に載っている「金光明経最終巻」の影響を受けているのは疑いないと思われる。

このような状況も含めて、七世紀後半になると日本の天皇の政治、その「詔」で「殺生禁断」がしきりと発令されるようになるが、その場合、それが家畜に集中していることに注目しなくてはならない。

もっとも、先にいった『法華経』では「諸の悪しき者は屠る者、若しくは猪・羊・鶏・狗を畜う者（略）この人は心意、質直にして、正しき億燃り、福徳力あらん」とし、〈悪しき者〉でありながら法華経が彼らを救う（『法華経　上』坂本幸男・坂本裕訳注、岩波文庫）こと、つまり「金光明経」とは反対の立場にいることを説くのである。しかし「屠者」「屠児」が「悪しき者」とされているのは確かである。九六七年に完成した日本最初の法律書といえる「延喜式」の「神祇」の中には「凡鴨御祖社南邊者。雖在四至之外。濫僧屠者等。不得居住」（おおよそ鴨御祖南辺は、四至の外といえども、濫僧・屠者など、住むことならず）（『新訂増補　国史大系　交替式・弘仁式・延喜式前編』吉川弘文館）という一条があり、結構知られていると思うが、ここでも「屠者」が排除されている。つまり「屠者」「屠児」への一方的「偏見」や「差別」はすでに古代末期には目に見える形となり、「排除」「差別」は「延喜式」の法規制としても始まっているのである。なお、ここで並記される「濫僧」については、別の節で詳しく見るが、「延喜式」の編纂委員の一人三善清行は、これを「衆僧の濫行（多くの僧の乱れ）」と書き、その上で「持戒の者は少なく、違律の者は多し」「腥羶（なまぐさき魚肉獣肉）を食らう」と書いている（『日本思想大系8　古代政治社会思想』前掲）。ここでも肉食をする者が排除されているのがわかる。

このように、天武天皇の禁令では「一切経」に載っている「金光明経最終巻」の「不殺生戒」、つまり家畜の「殺生」と「肉食」は「救われない」とする「戒律」が中心で、その戒律を守ることで仏教の救い――例えば先の第二章一節で見た「金光明教」を信じることで得られる救い「其の国土に四種の利益有る」の「軍隊、無病、福田、農業に大切な三季のめぐり」を得ようとする意図が強いと思われるし、天武の後、奈良時代になると、諸天皇によって「詔」される「殺生禁断令」は、さらに明確な目的意識を持って発令、「詔」されるようになる。その目的意識が、天皇・国家による「天候支配」の初期的形態である。

二　奈良時代、諸天皇の詔は「天候異変」防止＝仏教の「殺生禁断」

十九世紀イギリスの人類学者ジェームス・フレイザーは世界の呪術を分析・分類しながら原始、古代、もしくは中世の、人による天候支配について次のように書いている。

「社会の初期のある段階では王や祭司は」「自然の運行は多かれ少なかれ彼の支配に従うものと想像され」「自然に対する王の威力は、人民や奴隷に対する威力と同じように」「旱魃、飢饉、疫病、あるいは暴風雨などが襲ってきた場合には、人々はこのような災厄を彼らの王の怠慢や罪悪のせいだとして、笞刑や縲紲（るいせつ）（牢に入れる）をもって罰を加え、それでも因業に心を改めぬ場合には王位を剥奪して弑殺（しさつ）するのであった」（『金枝篇　(二)』岩波文庫）と書く。これは諸国の王が「天候支配」「自然支配」をしようとしていた実例であるが、日本でも天皇がそれを行なおうとして、神仏習合政治を取り込んだと考えられ、仏教の教説では、少なくともこれまで見てきた「護国三部経」では、王・天皇がそれを信じるかどうか、あるいは、民衆がその戒律を順守するかどうか、にかかっており、ジェームス・フレイザーが示すような「世界の呪術」のような、民衆による明快な答えは生まれなかった。日本ではそうした結果は〝曖昧〟に見過ごされる傾向が強く、別のいい方をすれば、その責任は神仏習合政治の二面性によって、責任がどこにあるか分からないままに時間が過ぎてきた、そういったところではないだろうか。

したがって日本では諸国の民衆のような厳しい行動は見られなかったようだ。

そうした情況にある奈良時代の諸天皇の「詔」は次のようだ。

① 七二二年、元正天皇

元正天皇による「殺生禁断」は旱魃を契機に発せられている。「この頃、陰陽が乱れ、災害や旱魃がしきりにある。そのため名山に幣帛をささげ、天神地祇をおまつりしたが、恵みの雨は降らず、人民は業を失う。（略）国司・郡司に、無実の罪で獄舎につながれている者がないか詳しく記録させ、路上にある骨や腐った肉を土中に埋め、飲酒を禁じ、屠殺をやめさせ、高齢者には努めて憐れみを加えよ」（『続日本紀　上』講談社学術文庫）。これが天変地異・旱魃を防ぐための「殺生禁断」なのはすぐわかる。

②　七三七年、聖武天皇

国分寺、国分尼寺を全国に建立したことで知られる聖武天皇は、仏教を重んじ、寺院の建立だけでなく、各地で多くの「出家者」＝「僧」を育てたことでも知られている。とはいえその聖武天皇も疫病や天変地異には困り果てており、次のように勅している。「四月以来、疫病と旱魃が並び起こって田の苗は枯れしぼんでしまった。このため山川の神々に祈祷し、天神地祇に供物を奉げてお祈りをしたが、まだご利益がなく、現在にいたるまで尚人民は苦しんでいる。朕が不徳のためにこのような災難を招いてしまった。これを反省して、寛大で情け深い心を施して、人民の患いを救おうと思う。そこで国司・郡司に命じて、無実の罪で獄に繋がれている者がいないかよく調べ、死屍の骨や肉を土に埋め、飲酒を禁じ、屠殺を止めさせるべきである」（『新訂増補　国史大系［普及版］類聚三代格　後編・弘仁格抄』「類聚三代格・巻十九」吉川弘文館）。

伝統的な「天神地祇」を尊重しながらも、最後は仏教の教説に頼り「殺生禁断」で目の前にある「旱魃」「天候異変」を乗り越えようとする天皇の思想がはっきりと見えるものであろう。

③　七四一年、再び聖武天皇

仏教への厚い心をもつ聖武天皇は、仏教以前からの狩猟文化の影響を残す民衆、百姓――

農耕とともに様々な生業・分業的技能を持つ人々――が牛や馬、家畜を屠殺して食べるのを嘆き、それを禁ずる。次のようだ。「馬牛代人勤労養人。因茲先有明制不許屠殺。今聞。国郡未能禁止。百姓猶有屠殺」（牛馬は人に代わって働き人を養う。そのため屠殺を許さないと指示した。しかし諸国では今だ禁止出来ず百姓が屠殺している）（『続日本紀（中）』宇治谷猛、講談社学術文庫）。

ここでは対象が「牛馬」に絞られており、なぜ「牛馬」を大切にするか述べられていて意味はわかるが、天皇のそうした意図とは反対に、当時の百姓たちが家畜の牛馬を「屠殺」して食べているのがよくわかることでもある。つまり仏教の伝来と、国家仏教になって「殺生禁断」が国家イデオロギーのごとく天皇によって勅されるが、百姓、庶民はほぼ関係なく、牛を殺して食べている、そうした姿がよく現れている。この百姓たちの生活、その姿は当時としては極当たり前で、いわば伝統的な生活様式というべきものであろう。そしてここに当時の国家・中央と民間の乖離があり、「屠者」への差別が具体的になっていく契機も見えてくる。この「国家と民間の乖離」はこの後も細かく見ていく。

④　七四九年、三度(みたび)目の詔

聖武天皇はさらに「殺生禁断令」を出す。『続日本紀』によると、この年正月からひどい日照りが続いていたらしい。「正月四日。このころしきりにひどい日照りにみまわれ、五穀が実らないので、官人の妻子の多くが飢えと窮乏の生活を送っている」としており、そのため朝廷での正月の儀式『朝賀の儀式』が中止になった。そこで天皇が命じ「元旦から七日間、全国の諸寺で悔過を行い、金光明経を転読させた。また、天下に殺生を禁断した」（『読日本紀（中）』宇治谷孟、講談社学術文庫）とある。

⑤　七六四年、称徳天皇「神戸はその限りにあらず」

七六四年。淳仁天皇が廃位し、孝謙上皇が称徳天皇と改称して即位。『読日本紀』はこの女帝を「高野天皇」と呼ぶが、七六四年十月十一日には「鷹・犬および鶏を飼って狩や漁を行ってはならない。諸国が御贄（みにえ）として鳥獣の肉や魚などの類を進上（動物供犠・川元）することを禁止。但し神戸についてはこの限りでない」（前掲書）とする。

このように勅しながら、ここにいう「神戸」は動物供犠が許され「屠殺」もできるのである。称徳天皇はあえてこのことをいっているのであるが、これは何を意味するだろうか。

実はここにも仏教伝来と、それ以前のこの国での伝統的生活と、仏教による「殺生禁断」の対立、乖離が現れている。しかも称徳天皇はその間に挟まれて悩んでいるのである。それが、この時代の様子をよく現している。

ここでいわれる動物供犠が許される「神戸」は、先に紹介した中世史の脇田晴子が中世的差別の特徴をまとめて「差別された職業には（略）屠殺、葬送、巫覡、傀儡子など（略）これは原始・古代における呪術的信仰と不可分なもので、祭祀者的な位置にあった職掌（神職を意味する・川元）である。（略）仏教の殺生禁断思想や、陰陽道の触穢思想が、大陸から輸入されるに及んで、葬送や屠殺に従事することが忌避されるようになった」（『部落の歴史と解放運動前近代篇』部落問題研究所編）と指摘したのと同意で、仏教伝来以後差別されるようになったのである。「神戸」は仏教伝来以前からの「神職」と関連を持ち、その関連は狩猟文化の中で「動物供犠」などの「殺生」を行なった「神職＝ハフリ」との関連でもある。称徳天皇はその「神戸」の伝統をここで破れなかったのである。天皇制は本来、仏教伝来以前の伝統に足場を置いているためでもあろう。だからこの「勅」は大半が「不殺生戒」に縛られながらも、一般的に仏教の「不殺生戒」が「屠者」「屠児」を否定するのとはかなり異なったところからの発想を持っている。仏教伝来以前文字を使わなかった日本では、仏教以前の「呪術的信仰」の神職を「ハフリ」（漢字で祝、または祝部）と呼んだ。これらは天皇制が「ハフリ」に階位を付けて文字で表しただけで、神仏習合以前、多くは文字ではなく音表現として「ハフリ」と呼ばれ、動物供犠の時の「屠殺」などを「聖なる行為」として行なっていた。

つまるところ「神戸」は、脇田が指摘した仏教伝来以前からの「呪術的信仰」（狩猟文化など）

の神職としてのハフリの一部であり、朝廷が漢字で祝、祝部〈祝の上級〉と書いた人々の「母体」であり、当時の神社の経営を維持する「神戸百姓」であった。古代「律令書」の一つ『令義解』では「祝（はふり）は国司が神戸から選定する」（『新訂増補国史大系　令義解』吉川弘文館）としており、「祝部・祝は神戸の内」と考えられていた。

また『神道史大辞典』（吉川弘文館）によると「令制〈律令〉の『祝部』は庶人を充てるとはいえ神祇官の下級官職、『祝』は土地の伝統に根ざした神職」であるが、その「祝」は「神戸」の中から国司が選んだのである。つまり「祝部」は朝廷に帰属する「神祇官」の一部であり、「祝」は地域の神官である。しかし、本来両者は古くから地域の神職として「はふり」であるが、「はふり」は本来文字表現を持たず、口頭語として音表現「ハフリ」と表現される存在だった。だから私は、文字を使わない多くの民衆の表現を本来のものとし、音表現＝口頭語としての「ハフリ」をその全体を同時的に表すものとして活用している。その全体像を表す言葉が可能な限り必要であり、大切と思うからである――ハフリ・祝・祝部については章を改めて述べる――。

第四章　「天候支配」＝「殺生禁断」が新しい「型」となる

一節　検非違使の誕生とキヨメ＝穢の排除

一　天候支配の新しい「型」

「天候支配」が目的である国家的イデオロギーとしての「殺生禁断」であるが、その禁令は当初民衆にはあまり関係なく、神仏習合政治にこだわる国家と、その周辺の諸機関、つまり「式内社」など「大社」と呼ばれる神社や、各地の寺院を通して実行されたのであるが、効果の面から客観的、科学的にいうと、「殺生禁断」が、偶然以外に天候支配に効果を挙げるはずもなく、やがて国家はそうした情況を脱却するため、もう一つの回路を考えていた。

平安時代の初期、天皇直属の国家警察機関・検非違使が形成されたのはよく知られる。そしてこの検非違使によって、これまで諸天皇が交代のたびに布告されていた「天候支配」「疫病退治」としての「殺生禁断」「肉食禁止」などについて、「それは何かの祟りではないか」などと考えるようになった。平安時代に流行した悪霊信仰に関係していると思われるが——。だから、それが何の「祟」なのか朝廷の神祇官と陰陽寮に占わせた。そして「祟」の原因がわかると、その神社か、その土地に天皇が直々に行き、謝罪の「幣帛」を奉った。そしてもしその

「祟」の中に「穢」があれば、検非違使が駆けつけて、その穢を「実検・排除」する制度をつくったのである（『平安時代の神社と祭祀』「平安時代の雨乞神事」並木和子　二十二社研究会編、図書刊行会）。

この制度を検非違使の「穢の実検・排除」という。この場合「穢」は「動物供犠」だけでなく「死人」「葬儀」「動物の死体・殺生」「骸骨」「怪我人」などが入っていた。

「殺生禁断」が「殺生」として入っているのに気づいてもらいたいが、つまり、同時にまた、検非違使による「排除」の対象としての「穢」の範囲がかなり広がり、さらに明確になったのが分かる。これを庶民からいうと、一般庶民の生活に直接関係し、繋がる事例が「穢」として明確となり検非違使の「穢れの実検・排除」は一般庶民の生活の場に深く食い込むこととなり、民衆自身がその「穢」の発生や排除に気を使い、発生を制御して「天候異変」を防ごうとする意識も生まれ、多かれ少なかれ社会一般に「穢れの排除」が意識されるようになる。つまり検非違使の新しい制度としての「天候支配」の「型」は、こうした形で庶民の生活に繋がっていくこととなる。

二　新しい「型」が社会的構造＝部落差別の原因となる

この時期の天変異変の防御、あるいは旱魃などの雨乞儀礼での検非違使の「穢の実検・排除」

の「型」は、検非違使が直接その場に介入するだけでなく、その「穢」が「動物供犠」だけでなく民衆の社会生活にも関連しているものであり、「排除」はその生活の中で行なわれることであり、検非違使の新しい「型」が、民衆の平凡な生活の中に怪我人、死者、その葬儀、動物の死体や骸骨など、あるいは動物や魚などの「殺生」を「忌避」しようとする社会的習慣や、その構造が生まれることになる。

丹生谷哲一の『検非違使――中世のケガレと権力』では、祈雨止雨儀礼――丹生谷は〈霖雨〉（長雨、台風など）としている――の儀礼の歴史的経過で、検非違使が「実検・排除」した具体的例を五十件、表にして紹介している。その一部は次のようだ。「寛仁2（一〇一七年）霖雨　近京諸社に検非違使を遣わし実検せしむ」「太治2（一一二七年）霖雨　伊勢・平野・稲荷・祇園・北野社中の不浄をたずね検非違使をして骸骨を掃除せしむ」。ここでは検非違使が「骸骨」を掃除している。

この時期は検非違使自身が直接「骸骨」を掃除しているのであるが、しかしその後になると、「排除」の事情が変わってくる。表にまとめたものなので細かいことは記述されてないかも知れないが、表の範囲ではこの後「河原者」「犬神人」「カタイ（ハンセン病者・筆者）」「非人」に「掃除」「型付」、つまり「穢の排除」をさせる事例が目立ってくる。次のようだ。「仁平4（一一五四年）　清目＝河原法師に死人を型付けさせる」（『検非違使――中世のケガレと権力』

丹生谷前掲）。これは検非違使の「穢の実検・排除」の職務に変化があったことを示す事例だ。この後このような事例が続くので、本論ではこの一一五四年（仁平四）を「検非違使の職務の変化・変転」の初期的時期と考える（傍線川元）。

次の事例は少し異色であるが参考として揚げておくと、「寛元2（一二四四年）清水坂清目非人と奈良坂清目非人争う」がある。これは奈良坂非人と京の清水坂非人の集団的抗争であり、その罪過を裁く裁判の中で――非人といっても侍所での裁判権をもっていた――興福寺を背景にした奈良坂非人は「本寺最初社家方々の清目重役の非人」と自らを主張するのであり（前掲書）、ここにいう「清目重役」は検非違使の「実検・排除」を示すもので、社会一般では単に「キヨメ」と呼んでいたが、非人当事者は「清目重役」といい、検非違使の「代行」としての「重役」を意味するだろう。この事例の少し前には「承元2（一二〇八年）死鹿をカタイに取り捨てさせる」もある（前掲書）。

事例としてはもっとあるが、最小限これらの史料・記録にあっても、新しい「型」としての検非違使の「実検・排除」の現場で何が起こっているか、そこで起こっている「変化」「変転」の実態が「清目重役」などの言葉も含め、「死鹿を非人に」「清目＝河原法師に死人を型付けさせる」にあらわれている。丹生谷はこれらの事例をまとめて「やがて、かかる死穢処理者として身分的に位置づけられるようになったのが（略）河原法師・清目・非人・カタイ・犬神人・

散所であった」とする（前掲書）。

検非違使が「穢忌・蝕穢思想」で「穢」に触れなくなり、そのため検非違使、または「官人」以外の非人、河原者など——に「代行」させる姿が浮かび上がってくる。

天変地異制御の新しい「型」として国家が考えた検非違使の「穢の実検・排除」（これを「清め・キヨメ」とも呼んだ）も、その内実は、検非違使が「穢」に手を触れず、「河原者」「犬神人」「カタイ」「非人」「清目＝河原法師」などにキヨメとしての「掃除」「型付」させるのが実態となった。この実態を私は今後「検非違使の代行」と呼ぶ。そして、この「検非違使の代行」を「部落差別の原因」とする（傍線・川元）。それは丹生谷哲一の表を見る限り、少なくとも、一一五四年）の「清目＝河原法師に死人を型付けさせる」から始まっている。

最近は、部落問題学習の入門書のようになっている鎌倉時代の辞書『塵袋』（一二六四〜八八年完成、作者不明、東洋文庫）では、よく知られる有名なその書の一つの項目で「キヨメヲエタト云フハ何ナル詞ゾ」と疑問を投げかけて解説を始めておきながら、辞書としてあげた、その疑問「キヨメ」について何も解説されていないのを私は批判してきたし、その批判は取り下げないものの、作者がその時見ていた、あるいは認識していた「キヨメ」とは、ここにあるような「キヨメ」であり、その現象だと考えてよいだろう。

もっとも、丹生谷哲一は『検非違使——中世のケガレと権力』のなかで、検非違使について「国家のキヨメ」といっているのであって、その「代行」が同じ「キヨメ」と呼ばれるのは当然というべきだろう。

とはいえ、ここにある「代行への変化」の現象は、検非違使による他の「公事」の中で、これよりかなり早く、少なくとも十一世紀初頭ころから始まっていた。それは「国家による天候支配」の型の変化よりかなり早く、検非違使の本来の「役務」、天皇直属の国家の警察機構として、その中の囚獄・処刑の場で始まっていたのである。そしてその在り方、実態、実像は「天候支配」の「型」の在り方とはかなり異なるが、しかしそこに起こる「変化」の思想的内実、体質は両者同じなのである。

平安時代初期に、中国から輸入した行政としての律令制の警察機構――刑部省（裁判）、衛門府（追捕・巡察）、弾正台（巡察・非違糾弾）、囚獄司（監獄）などは、日本人の生活情況と大きな違いがあって、日本の「習慣法」に基づいて造られたのが天皇直属の警察機構・検非違使であり、設立当時からすでに仏教の影響があり、十世紀末には検非違使の中に仏教の教えを学ぶ「血縁教」という学習会ができていたほどだった（『検非違使の研究　廰例の研究』小川清太郎、名著普及会）。そのため平安時代は「死刑」が無かったといわれるくらいで、それは武士社会が台頭してくる十一世紀初頭に再び始まっている（『前近代編　部落の歴史と解放運動』部落問題研究所編）。

こうした経過をもつ検非違使による「処刑」「行刑」の場での、部落差別の原因に繋がる「代行」の様子をここで改めて見るが、それは、そのことによって、検非違使による「穢の実検・排除」において「代行」が置かれた思想的内実が、より明確になると思われるところである。

三　検非違使の「罪業・罪穢」と「触穢意識」

九六七年に施行された「延喜式」は「穢忌」として――「人死限三十日。産（出産）七日。六畜（牛・馬・羊・犬・猪・鶏）死三日。其喫肉（その肉を食う）三日」を規定した。もう一つ「触穢」としては「甲所有穢（甲所に穢あり）。乙入其處（乙そこに入る）乙及同所人皆為穢（乙と同じ場にいる者皆穢）」を規定。（）は川元（『新訂増補 国史大系 交替式・弘仁式・延喜式 前篇』吉川弘文館）。

これらは当初、天皇・貴族・官人たちを縛る規範だった。したがって天皇直属の検非違使もこれを守る必要があった。とはいえ、その現場であり、「罪業・罪穢」に繋がる取調室、牢獄、行刑などがまったくなくなるわけではなかった。

こうした時代背景があって平安時代については死罪の執行がほとんどなかったといわれ、武士社会になって行刑が復活したとされるが、石尾芳久は平安時代後期の検非違使の様子について、牢獄管理者＝看督長が、行刑の現場の仕事をする者として自分が管理する囚人を徴用したとし、その人たちが「『放免』『下部』と呼ばれ、同時に『非人』とも呼ばれた」（『民衆運動からみた中世の非人』三一書房）とする。

このようにして日本の警察機関の仕事、特に「行刑」について、「放免」「下部」の言葉が生まれ、それをまとめて「非人」と呼ぶようになる。

丹生谷哲一は、検非違使の現場を担うことになった「非人」について、検非違使庁ではそれを「検非違使供人」と同一に考えていたと推定する（『検非違使――中世のけがれと権力』）。「共人」とは「随身」のことであるが、このことは、少なくとも検非違使庁で放免・下部と呼ばれる人々が、中世非人＝河原者＝清目と同じ位置にあると認識されていたことを示している。さらに丹生谷は「罪が同時に穢とも観念されていた中世社会においては、処刑の場はキヨメの場」とし、それを「穢をキヨメる」職業とする（前掲書）。つまり「天候支配」の「型」の変化によって、検非違使本来の「役務」としての「穢をキヨメる」仕事が「代行」に代わる。

そして、それはそれより先に、検非違使の本来の「役務」である警察業務の一つである犯罪者の「拷問」や「処刑」などから始まり、それが慣行となって、「天候支配」の内にある「穢の排除」、「穢のキヨメ」にまで広がっているのがわかるところだ。「天候支配」の新しい型として始まる「検非違使の穢のキヨメ」にある「穢」が、検非違使の頭目である天皇に「触穢」しないよう管理・配慮された結果であることはすでに書いたし、誰にも否定できないものだろう。つまり「延喜式」とは、仏教の影響も含めて、習慣的になりつつあったそうした「触穢思想」「殺生禁断思想」を、より確実な効果を持つものとしての「成文法」に変えていくものであり、ネガティブな側面でも、それは確実に社会的習慣となりその社会的構造になっていく。

人の命を消す「行刑」が国家の「大権」といわれるのはほぼ世界中そうであり、誰もが認めるものであろう。しかし、それが国家仏教として、仏教でいう「悪」「穢」「罪業・罪穢」にあたるとして、官人以外の「非人」に「代行」させるのは、先に見た天候異変で、検非違使の「穢の実検・排除」を、そこに「穢」がある場合――この「穢」も一方的、独善的であるが――、検非違使が「穢」に触れてはいけないとして「河原者」「犬神人」「カタイ」「非人」「清目＝河原法師」などに「代行」させる事例とまったく同じ構造・思想で行なわれており、それは同時に、民衆の平凡な生活の中に起こる「怪我人、死者、その葬儀、動物の死体や骸骨」あるいは「犯罪」に直結するもの――つまり民衆の生活を含めた社会的慣習ともなり、その「排除」は民衆の生活を含めた社会的規範や構造に直結するものとなる。

丹生谷哲一は先の「検非違使供人」も含めて、非人が「かかる死穢処理者として身分的に位置づけられるようになった」とし、先に見た「仁平4（一一五四年）清目＝河原法師に死人を型付けさせる」をも取り上げ、さらに「承元2（一二〇八年）春日社境内の死鹿をカタイに取り捨てさせる」などを示し、これら全てが検非違使の「代行」であり、それら「代行者」

が中世的身分の形成者となる、と位置づけるのである（前掲書）。

そして、これらが丹生谷がいう「ケガレを清める職業」の総体、つまり本論で私が命名した検非違使の「代行」が、当時としてはその総体をかなりよく示していると思われるし、ここまで追及してきた実態が「部落差別の原因」といえるものであるのも、疑い得ないだろう。中世の辞書『壒袋』で「キヨメヲエタト云フワ何ナル詞ゾ」とあるのはこうした「代行」の総体を背景にしていると私は考える。

第五章　社会的絶対矛盾

一節　「差別構造」を定着させた「落し穴」

これまで見たとおり、この時代何人かの天皇が「殺生禁断」を「詔」したし、これは天武天皇の「殺生禁断」「肉食禁止令」以降、ことに奈良時代に盛んになるとはいえ、「殺生禁断」「肉食禁止」による天候支配と疾病の流行の防止というのは、江戸時代までは決して珍しいことではないものだった。

しかしそうした傾向がある中で、私には非常に気になり、注意を喚起したい事柄がある。何かというと、そうした「殺生禁断」「肉食禁止令」が国家的イデオロギーのように発令される中、九六七年に施行された「延喜式」民部では、諸国への課税として米の年貢以外に「別納租穀」（米以外の雑穀・魚など）として牛馬の皮革、あるいは鹿の皮革（鹿は天武天皇の「殺生禁断」に入っていなかった）などをかなり大量求めていることだ。例えば馬で見れば「尾張六張。近江十七張。美濃二十四張。但馬十一張。播磨三十二張。阿波十張」など。その他牛の革なども各国に課されている。そしてそうした課税で特徴的なのは「駅傳、牧等の死馬皮熟而（死馬皮を鞣（なめ）して・川元）送之」（『新訂増補　国史大系　普及版　延喜式中篇』吉川弘文館）などがあることだ。この事からして、先の諸国に課された馬等の皮革の課税は、「斃牛馬」ではなく、まさに「生牛馬の屠殺」を前提にしていることがわかることだ。第一、武具などのために国家や各地豪族等が保管する兵具のための「皮」は「死牛馬」と「生牛馬」の皮ではその利用価値に大きな差があることだ。

ともあれ、ここにある「延喜式」民部の課税は「死牛馬」と「生牛馬」の区別をきちんと分けているのは確かなのだ。そしてその事は、民部では生きた牛馬の「屠殺」によって得られる皮革、その内臓などを税として要求しながら、「延喜式」の神祇では「穢忌」として「人死限三十日。産（出産）七日。六畜（牛・馬・羊・犬・猪・鶏）死五日。産三日。其喫肉（その肉を食う）三日」とし、「触穢」としてもそれらに触れないよう規定しているのである（『新訂増補　国史大系　交替式・弘仁式・延喜式前編』吉川弘文館）。

これらの例は「殺生禁断」が緩くなった事を示しているのではない。この後に見るように、「殺生禁断」はさらに厳しくなるが、皮革を必需品のように課税しているのである。鎌倉時代などは輪を掛けて厳しくなる。その情況はこの後新しい項目を作って解説する。

これは国家による民衆への「社会的絶対矛盾」であるが、先にも少しいったが、神仏習合の二重の政治構造のため「社会的絶対矛盾」を指摘する責任者を見出しにくかったかも知れない。これを民衆の立場に視点を置いて考えると、民衆は仏教の経典などほとんど影響なく、漢字を読むことも、それを学ぶ機会もほとんどなく、口承文化として伝わる原始・古代からの伝統として、それら動物の「解体」、あるいは皮革製品を作る技術を維持しており、そのことに大きな自負と自信を持っていたであろう。彼らには仏教の戒律よりも、それらの伝統、技術の維持の方が、生きるためによほど価値のあるものだったに違いない。だから「屠畜」「動物供犠」「解体」「肉食」などを続けた。そうした生活が彼らの日常だったと考えるのが妥当であろう。

しかし、上からの、神仏習合政治、つまり国家からの「殺生」「肉食」あるいは専門的な「屠者」への、普遍性を欠いた、一方的・独善的価値観、その「偏見」による「排除」「差別」は、その製品を税として取り上げる国家から、だんだん強まっていくのである。

そして、そのような「社会的絶対矛盾」を持ったままの社会が進行して行くのである。したがって、後に「被差別者」と呼ばれるようになる人たちは、それを意識しないまま、その「絶対矛盾」の構造にはまり、気づくと「悪」「穢」「被差別」「賤業者」などと呼ばれるようになっていた。そんなケースが多かったと思われる。

二節　検非違使の本来の役務「行刑」が「代行」に変わっていく

一　「被差別部落」形成の祖型

検非違使にとって最も重要な仕事に犯罪の取り締まりがあるが、これには拷問や重罪者の処刑等がつきものだった。しかし平安時代初期に天皇直属の警察機関としてできた検非違使には最初から仏教の影響を受けた人が多く、しばらく死刑がなかったといわれる。

そんな中、先に見た石尾芳久は平安時代後期の検非違使の様子について、「牢獄管理者＝看督長が、行刑の現場の仕事をする者として自分が管理する囚人を徴用した」とし、その人たちが「放免」「下部」と呼ばれ、同時に「非人」とも呼ばれたとする（『民衆運動からみた中世の非人』前掲書）。つまりここに「行刑役」としての検非違使の「代行」が生まれているのが分かるが、そうした「代行」もまた、少なくとも江戸時代には被差別部落の社会的「役務」として、多くの場合「斃牛馬処理権」の反対給付又は代償のような形で、被差別部落の仕事になっている場合が多い。こうして「穢」を処理する人々「被差別者」が固定化し社会構造化した「部落差別」が生まれるのである。

少し時代の流れを無視して話をすすめ、後で詳しく解説を加えることとするならば、例えば戦国時代末期の京都の様子について、京都部落史研究所による『京都の部落史』という本によれば、京都の典型的な「被差別部落」である「あまべ」村について、次のように書かれている。

「『河原細工人』『四条庭の者』と呼ばれる皮なめしや造園業にたずさわる河原者（略）が居住していて、なかには『行刑役』につく者もあった。このように多くの人びとの住む『あまべ』

は、上洛した織田信長・豊臣秀吉から『禁制』や『折紙』（権利と義務の証・川元）が与えられ」とし、さらには「六条村」について「六条郷は歓喜光寺の寺地やその周辺に居住した河原者の集落で（略）六条河原の刑場で使役された河原者が住み、行刑役の代償として六条河原に皮干場として荒畠が安堵されていたと推定できる」とする（『京都の部落史4』京都部落史研究所）。この文節では、「六条河原の刑場で使役」とか「行刑役の代償」という言葉が使われているが、それが、「官人」としての検非違使が、「延喜式」で規定された「穢忌」「触穢」を避けるため代行を置いた、その「代行」の様子であることはすぐ分かるだろう。

また、すでに取り上げた「延喜式」民部の皮革の徴税にしても、日本への仏教伝来以降「護国三部経」として天皇・国家に使われたものの一つ「金光明経」の、その「最終巻」（『一切教』に入っている）にある「殺生禁断」「肉食禁止」の戒律の、それを「破戒」したときの罪科、その「罪業」「罪穢」「悪」の一方的・独善的押し付け、又は「罰則」ともいえるものが付き纏う「殺生」をしなくては得られない皮革の徴税であるが、課税された諸国では、その行為を誰かがしなくてはならないのだ。ここで紹介したように、京都では主に「河原者」がそれを行なった。他の国ではそれを誰がやっただろうか。いうまでもなく想像はつくのであるが、その想像にある「革作」「皮田」「屠者」、又は「ハフリ」「神戸」などは仏教伝来前からその職を務めていたのであるが、彼らはその当時、つまり検非違使の「代行」が置かれる当時、この国でどのような存在形態を持っていただろうか。

二　百姓は牛・馬を殺して食べていた

先に挙げた奈良時代の諸天皇が「詔」した「殺生禁断」の中でも、当時の百姓、特に農耕生活を主とする民衆が「肉食文化」も含めて、どんな生活をしていたのかがよくわかる手掛かりがいくつかある。七四一年の聖武天皇の「詔」には、仏教以前からの狩猟文化の影響を残す民衆、百姓――農耕とともに様々な生業・分業的技能を持つ人々――が牛や馬、家畜を殺して食べている様子があり、伝来した仏教の「殺生禁断」を国家イデオロギーのように「詔」する天皇を嘆かせるシーンがある。「牛馬は人に代わって働き人を養う。そのため屠殺を許さないと指示した。しかし諸国では今だ禁止出来ず百姓が屠殺している」(川元意訳)(『続日本紀(中)』)。等だ。民間では当然のように行なっている屠殺を禁止しようとしているのである。つまりこの時期は、仏教でいう「屠者」「屠児」「餌取」などは、この国ではあまり専業化していなかった様子がうかがえる、そうした民間の生活がかい間見えるところ、ともいえるのではなかろうか。弥生時代に始まった農耕生活を軸としながら、人々は、その農耕生活の機能をあげるため、あるいはより豊作を願うため、牛や馬の労力を借り、時にはそれを殺して肉を食べる。しかも尚、その後残る牛や馬の生皮は、鞣(なめし)という技術を加えると毛皮として人の生活を助けることが出来る、そうしたことは誰でも知っている時代であり、それを実行できる時代でもあろう。

九六七年に施行された「延喜式」民部での「皮革の徴税」で、皮革の生産者が先のような経過でどのような位置にいたのか、地域によってことなるところもあって一概にきめるのはむずかしいものの、「生き馬」を「屠殺」して、その皮を剥いで、「腐らない・柔らかい」皮革にする技術者は大勢いたと思われるし、国家から指示された地方国家の納税義務として、彼ら民衆の誰かが、その皮革を製造したのは間違いないだろう。中央国家も、地方国家（地方豪族・荘園領主など）も、境界線争い、領地拡大のために武器や武具（鎧など）を備蓄していたのは確かだ。皮革はその時「武具」の材料として備蓄された。それまでは「武具」として代表的なのが鉄で作られた「鎧」であり、七八一年、光仁天皇が「諸国の甲冑は次第に年月を経て、ことごとく皆さびを生じ綻（ほころび）多くは用をなさない（略）修理する後から綻び、この上なく手間と労力を費やしていると聞く。しかし今、革の甲は堅固で久しく使え、身につけても軽くて便利である。また矢に当っても貫きにくい。（略）今後、諸国が（略）必要な甲冑は皆革を用い、前例通り毎年見本を進上するように」（『読日本紀（下）』宇治谷孟、講談社学術文庫）と「詔」している。

この「詔」はかなり合理的であり、活用されただろうと思われるのであるが、しかし考えてみると、その背景で、「天候支配」としての「殺生禁断」は続いているのであり、「殺生」を「悪人」とするだけでなく「穢」とし、「罪業・罪穢」とする傾向はかえって強くなるのである。

したがってここでいう「皮革の徴税」と、それをめぐる「社会的絶対矛盾」はしばらくは避けようもなく続き、一般庶民、民衆としての農耕者・百姓の中で、国家への納税のために、「屠殺」「皮革製産」をつづける人は必要となり、その人は、知ってか知らずか、仏教の「不殺生戒」を破り、その罰のように存在する仏教の一方的・独善的価値観に引っ掛かり、「差別」「排除」、つまり「穢忌」「触穢」される立場となり、やがては、近畿地方で強化される一村の中での「屠者」「穢のキヨメ」をする人だけの「住み分け」（その村の一定の場に彼らを住まわせる差別）がすすみ、「部落共同体」の草分け的母体が出来る。この「部落共同体」が法制度的に全国的に展開・形成される意味は、近畿地方の「住み分け」をモデルにしたかも知れないが、その動機は、もっと規模が大きく、「天下統一」の一環として始まっている。このときの全国的意味は豊臣秀吉の「天下統一」と軍事力に関係するが、これについては後で詳述する。

ただ、農耕生活をしながら様々な特技を持つ人々が、兼業農家的に集住する百姓の「村落共同体」では、「屠者」「皮革生産者」が神仏習合政治によって、一方的・独善的に偏見・差別されるのを知ることが拡がり、それを村人全員で行なうのでなく、伝統的には全員が技術をもっていたであろうものを、一定のものに「専業化」したのだろうと思われる。その「専業化」については、例えば『日本書紀』に書かれた皇極天皇期六四二年条にある「動物供犠雨乞」の記録「村々の祝部（はふりべ）の所教（おしえ）の随（まま）に牛馬を殺して（略）祭（いの）る」（『日本書紀（下）』日本古典文学大系）にあるように、村々にいた「神職＝ハフリ・祝・祝部」が中心であったと思われるし（後で彼らは「神人」ともよばれる）、七六四年、称徳天皇の「殺生禁断」の「詔」にある「但し神戸については此の限りでない」（『読日本紀（中）』宇治谷孟）などもそのハフリ・祝・祝部と同じ位置にある。「神戸」とは「神戸百姓」ともいわれて、神社の「封戸の一部」だったが、やがて、ハフリ・祝（祝部は祝の上級神職。神祇官の一部）が不足したとき、「神戸」から選ばれるようになる（『新訂増補国史大系　令義解』）。つまり、「社会的絶対矛盾」の「落とし穴」に落ち、仏教の「一方的・独善的価値観」で「偏見」を持たれるようになる人々の一部はここにあると考えられるのである。これについては後で再度詳述する。

第六章　「不殺生戒」「殺生禁断」に対立した人々と文化

一節　国家と民間の対立・矛盾

奈良時代の諸天皇が天候異変を防ぐために「殺生禁断」を次々と発令しているのを見てきたが、これと同じ事は、平安時代の諸天皇もほとんど同様であって、末期から鎌倉時代になると一層盛んになるのが記録に残っている。この記録はこの後すぐ見ることになる。が、そうした時期に偶然ではあろうが「殺生禁断」の中で農作物が豊穣になった年もあったようで、これを持って「殺生禁断」が豊作をもたらした、とする信仰が盛り上がり寺社を通してまことしやかに伝言された事例があるものの、ここでは、国家による「天候支配」その「不殺生戒」「殺生禁断令」と、民間の伝統などとの不一致な現象、「国家と民間の対立・矛盾」ともいえる現象の、その根本にある問題をまず考えておきたい。

天皇による「不殺生戒」「殺生禁断令」といっても、それは神仏習合政治の仏教の影響であって、その政治が始まる六世紀末以前は、民衆と仏教の関係はほとんど見ることの難しいものだ。そうした仏教と民衆の乖離の間に、または国家と民衆の間には、それを天候支配として見るならば、仏教伝来よりずっと前から、もっと異なった手法、方法で天候異変を防ごうとしていた。

これらについては先のフレイザーの世界的類型『金枝篇』に書かれていることを参考にしてもらいたいが、フレイザーはそこで、宗教をキリスト教とし、それ以前の宗教を「呪術」として区別し、後者を非合理な観念集団とするが、それでも彼は「呪術は不動の不合理的指導であると同時に自然の法則の体系と見るとき発育不全の技術であると同時に、自然の法則の擬科学なのである」（『金枝編　二』）とする。

こうした呪術観を日本的環境に合わせると、例えば原田信男は『なぜ生命は捧げられるか』（お茶の水書房）で、日本社会の原始・古代の呪術に視点を置きながら「人々は神（アニミズムでいう霊、いわば自然神・川元）への供物を用意し、かわりにその恩恵に預かろうとした」とし「おそらくは植物など日常の食物から始まったのであろうが、やがては大切な動物の生命が供げられるようになった」とし「そして、最終的には人間の命までもが神のために捧げられるに至った」とする。

原田がここでいう「神――アニミズムでいう霊――に動物の生命が供げられる」というのは、現代にあっても、我々の生活圏にあるさまざまな史跡、あるいはその物語の中で度々出会っているものと思われる。これをフレイザーに習って世界的傾向として見るなら、わが日本、あるいは東洋では、殊に仏教伝来以前は、こうした呪術観が比較的強かったと仮定できそうだ。例として挙げれば、神仏習合政治直後であるが、六四二年の皇極天皇による「殺牛馬雨乞」のように――。

本論はこれまで神仏習合政治が始まって以降の「殺生禁断」による国家による天候支配の「願望」に関する事例を見てきたが、この後は、それとは反対の、いわば真逆の関係にある「動物供犠」そのものの祭礼、その伝統、あるいは「動物供犠雨乞」の事例を具体的に見ていく。しかもそうした事例は、世界史的意味をもって考えれば、当然旧くから正々堂々と行なわれており、仏教の影響を受けてしまったわが国でも、原田信夫の指摘どおり、自然を対象に生きる人々の間で、いわば原始、縄文、弥生時代、そしてそこから続く伝統的な儀式、あるいは呪術的手法として行なわれていた文化が続いているものなのである。そして何よりも、その中で、部落差別に関連してくる「動物供犠」、あるいはまた、我が国で古代から近代まで続いた「動物供犠雨乞」など、それを誰が行ない、どのように続き、または変化していくか、そうした経緯に視点を置いていく。

一　皇極天皇が参加した「殺牛馬雨乞」・六四二年

再度見ることになるが、これまで私は皇極天皇期六四二年七月の「雨乞」について「動物供犠」に関心を置いてきた。事実この「雨乞」は「殺牛馬雨乞」を中心に書かれているのだが、実はその「雨乞」にはもっと異なった事例もあり、特に仏教による「雨乞」も行なわれ、記述されているのである。この後は、その全体を見ていく。

『日本書紀』は次のように書いている。（）は川元。「村々の祝部（はふり）（神官）の教えに従って、牛馬を殺して諸社の神に祈った」。しかもこの「雨乞」には「殺牛馬」だけでなく中国伝来の「移市」（市場を変えて人の動きを変え、雲の動きを変える信仰）や「何伯信仰」（川の神に祈る）。加えて仏教経典読誦など行なっている。それでも効果がなく「最後に天皇が川上で祈って雨が降った」（『日本書紀（下）』宇治谷孟）。

神仏習合政治直後と思われるが、このように、天皇も参加して動物供犠の雨乞が行なわれていたのである。雨乞だけでなく、わが国は、他の諸国、地域と同じように、狩猟文化の歴史を持ち、当然肉食文化も続いてきた。その中で育まれた生活文化、様式や儀礼、宗教も生きている。そうした文化の中に、一般的には漢字を読むことも出来ない、書くことも出来ない、そうした文字で書かれた仏教が外国から入ってきたからといって、伝統的な文化・生活がいきなり変わるということはまず考えられないものであり、いくら天皇が支持した神仏習合政治が布かれたとはいえ、そしてその天皇が「詔」を発布したからとはいえ、実質的にそれが民間に届くのは簡単でないし、民間に根づいたものが簡単に消えることでもない。

ここではこの国の諸国、民衆の中にあるそうした事例をいくつか挙げて、神仏習合政治を前にした「国家と民間の対立・矛盾」の具体的実態を民間の儀式の中に見ておきたい。というのは、こうした対立と矛盾が、国家の「強権」と、仏教の戒律にある一方的、独善的「不殺生戒」、それを破ることで発生するといわれる「悪」、「罪業・罪穢」などの思想が、原始、縄文時代などからの伝統的儀式、文化を持って生活する人々に押しつけられ、強行されると、それは必ず民衆の側に「皺寄せ」が起こり、何らかの「被害者」または「犠牲者」が発生すると思われるからだ。結果としてそこに「罪業・罪穢」の偏見が固定し「偏見」と「差別」の「芽」が発生するのは少し考えればわかることだ。そうした現象を考えながら、ここではまず縄文時代からの儀礼、文化を取り上げる。

先に挙げた皇極天皇期の「雨乞」は神仏習合直後と思われるが、それでも「殺牛馬」、つまり雨を与えてくれる天に大切な家畜の生命を奉げ、その願いを達成してもらおうとする「呪術的手法」によるものが、仏教伝来以前からの伝統であるのは間違いない。

実はここにある「殺牛馬」と「雨乞」の関連について部落史が深くかかわり、部落差別が始まる前の、その姿を見ることが可能かも知れないという、そうした示唆を教えられた瞬間が私にはある。それは、寺木信明の『近世身分と被差別部落民の諸相』（解放出版社）を読んだ時のことだ。寺木は皇極天皇の「雨乞」を紹介した後、次のように書いている。「雨乞という民衆の重要な呪術的、習俗的儀式において、近世の『かわた』身分の人々が重要な役割を担っていたという事実は、被差別部落の担った社会的役割やその源流を解明する上で興味深いものがある」だ。そのころ私は「雨乞」にほとんど関心を持ってなかったが、この示唆によって、私がずっと関心をもっていた部落差別が始まる前の「屠者」「屠畜」の姿を見ることができるかも知れないと思ったのである。

次にあげる事例は、そうした時間軸を持った儀式、祭礼であり、「屠者」が「動物供犠」の「神職」であった時代を具体的に今に伝える事例である。

二　縄文時代からの狩猟・肉食文化を継承する祭りと神事

旱魃のような天変地異を防ぐため欠かせない行事であった「雨乞」等で、天や山・川にいると思われていた「神」（自然神）に、人間の願いをかなえてもらうため、動物——主には牛や馬——を捧げるのを「動物供犠」と言うが、日本でも原始、縄文時代、弥生時代はもちろん、古墳時代に入っても、そして現代にあってもその風習、風俗は続いているのだ。しかも「延喜式」のころまでは新年（当時は二月四日）の「祈年祭（農耕祭）」に天皇が全国のハフリ（動物供犠をする神官）に、年間に必要に応じ行なう「雨乞」で供犠する「馬」を前もって班給していた。

一方で「延喜式」より少し前、六世紀頃には中国から仏教が日本に伝わっており、それを当初から「国家仏教」として扱い、政治にも生かし、世界的にも珍しい「神仏習合政治」を布くこととなり、仏教の戒律にある「不殺生戒」が、「殺生禁断」「肉食禁止令」という政治用語となり、さまざまな現象をつくり出した。その一つが諸国の王であり、わが国では「天皇」と呼ばれる人による「天候支配」――旱魃に雨を呼んだり、「疫病の流行」を防ぐ、自然支配、又は「天候支配」とも言える非合理な呪術的手法として利用されるようになる。つまり仏教の「不殺生戒」「殺生禁断」は国家的規範となり、これに反することを「悪」「穢」として、「排除」「差別」する傾向の「原点・端緒」が発生する。

そのため、原始、縄文時代、弥生時代と盛んに行なわれていた狩猟と、それに伴って行なわれた「動物供犠」、「天」の神・仏に願いを込める動物供犠による国家的儀式も次第に少なくなり、供犠される動物が、「生馬」「生牛」ではなく、板に書いた絵となるケースも生まれた。それを「神」「仏」に奉納する「絵馬」と呼んで、今に残る伝統となった。それら、現代に残る「動物供犠」の祭り、あるいは「絵馬」の歴史的情況を二、三の例を挙げて、ここで見ておく。

㈠　諏訪神社「御頭祭」――鹿肉の神と人の供食――

七年に一度行なわれる「御柱」で知られる長野県の諏訪神社では、今でも縄文時代からの伝承とされる「御頭祭」という祭礼が毎年（二月四日）途切れることなく続いている。この祭の特徴は、神社の神官・神職、ここでは神職をホフリと呼ぶが、――七六四年称徳天皇の「詔」で、殺生禁断しなくてよいとした〈神戸〉が昇級してなる〈ハフリ〉と同じ神職で、――同じ漢字

〈祝〉と書き、それをホフリと読む所がかなり多い――ホフリが自ら鹿を狩猟し、七十五頭の鹿の生首を祭壇に供犠し、その前で鹿の肉を「神と人の共食」する祭りである。これは奈良、平安時代も続けられ、現代も続いている（『諏訪神社七つの謎』彩流社）。

下の写真はそうした時間軸を持った、儀式、祭礼であり、「屠者＝ホフリ＝祝＝ハフリ」が「動物供犠」の「神職」であった時代を具体的に今に伝える事例である（本書カバー写真もその一つ）。

話は少し後戻りするが、冒頭で引用した『塵袋』の文章中最後のところを思い出してもらいたい。そこでは「天竺ニ旃陀羅ト云フハ屠者〈トシャ・ホフルモノ〉也。イキ物ヲ殺テウル（売る）、エタ体ノ悪人也」とある。本論はそこでいう「屠者＝悪人」を問題にして進めているのだが、この「屠者」の後に、その訓読・和語としてのルビが「トシャ・ホフルモノ」と入っているのを見てもらいたい。漢字の「屠者」は日本語読みで「ホフルモノ」と読む。つまり長野の諏訪神社の神職「ホフリ」は「ホフルモノ」であり、それは「屠者」を意味していたのである。動物供犠の屠者だ。そしてこの社では今も神職を「ホフリ」と呼ぶ。また同様な神社は京都の加茂神社をはじめ、九州の阿蘇神社など結構多いのである。その他に、神職を「ハフリ＝祝＝動物供犠の

「御頭祭」鹿の頭は今は剥製。神棚の前に立つ神職をここでは「ホフリ」と呼ぶ。「ハフリ」と同根（川元撮影）。

屠者」とする神社は多数だった。しかしその「ハフリ・ホフリ」は仏教から「呪術」と見られて禁止されるのである。それは次章で詳しくみる。

また、皇極天皇期六四二年七月に行なわれたかなり大がかりな「動物供犠」を含めた雨乞では、次のように書かれている。（　）は川元。「村々の祝部（神官・引用文ママ）の教えに従って、牛馬を殺して諸社の神に祈った」

ここでは神職を「祝部（はふりべ）」と呼び、旱魃を防ぐ「雨乞」を「牛馬を殺して諸社の神に祈った」のである。――「祝部」の祝＝ハフリ＝ハフリは漢字で「祝」と書き、そこに「べ＝部」がつくと官職としての「神祇官」を示し、単にハフリ＝「祝」だと庶民の中の官職である――白川静香の『字訓』（平凡社）はこの「ハフリ」「はふり」は「放（ほふる）」「屠（ほふる）」と同根の語としており、どちらを使うか地方によって異なるが「意味は同じ」である。

(二)シシトギリ（猪の足跡）という祭――宮崎県西都

宮崎県西都市の山間部にある銀鏡（しろみ）地域の銀鏡神社で十二月半ば一昼夜かけて行なう神楽がある。銀鏡神楽と呼ばれるもので、三十三番の演目がある。大半は鎌倉時代に京の方から伝わったと言われるが、中にこの地域で非常に古くから行なわれた演目がある。「シシトギリ」と呼ばれる。

「シシトギリ」とは、猪の足跡を追うという意味であり、つまり猪の足跡を追って猪を狩猟する意味である。これは狂言の原型とも言われており、他の演目が舞踊的であるのに対して、ドラマ的に演じられる。狩猟儀礼の一つであり、これも口伝では縄文時代の名残を持つとされる。

しかし一方で、この辺りでは焼畑農業がさかんだったことから「畑の作物を荒らす猪を退治する」という意味が加えられている。「鹿踊り」と同じ傾向であるが、これも肉食を禁止した後、このような意味づけがされたと私は考えている。当初は食料としての猪を狩るための神事だろう。

銀鏡神楽で特徴的なのは、前日狩猟した猪の生首を十頭くらい祭壇に並べ、その前で神楽が演じられることだ。いうまでもなく猪の生首は剥製ではない。神楽が終ると人々は祭壇の猪の頭を下ろし、料理しておいた肉とともに、焼いたり煮たりして食べる。このことは、諏訪神社の「御頭祭」で鹿の肉を「神と供食」することと同じで、自然の中での動物への感謝や、狩猟の豊さに感謝する儀式と共通なものと言える。アイヌ民族の「熊祭り」（イヨマンテ）に似ている。

また、狂言の原型と考えられている「シシトギリ」はお爺さんとお婆さんの二人が登場。二人が猪の足跡を追って山に入り、弓で猪を撃つ。もちろん実際の猟ではなく模擬的な演技だ。

この部分は「田遊」などと同じく「このようにありたい」とする願いを身体表現しているだろう。その意味でこの儀礼は予祝儀礼に属する要素も持つものだろう。

また最後に狩猟した猪の肉を煮てみんなで食べるのは、食料となってくれた猪への感謝が表されているのは言うまでもない。

(三) 「絵馬」の始まり

最近の若者の間でも流行っている「絵馬」は、実はここで書いている「動物供犠」の延長線上にあり、いわば原始、古代、縄文、弥生時代などからの動物供犠の「代物」「代行」物なのである。先に原田信男が指摘した「人々は神（いわば自然神・川元）への供物を用意し、代わりにその恩恵に預かろうとした」「やがては大切な動物の生命が生ぜられる、その行為が〝生き馬〟から〝絵馬〟にかわったわけである。つまり日本の天皇制は、そうした原始・古代の民間の信仰に足場を置いていたことでもある。六世紀末に始まると考えられる神仏習合政治の仏教の影響でその信仰形態がガラリとかわり、仏教の「殺生禁断」が前面に出るが、更にその変化の最初の実行、つまり「動物供犠」から「絵馬」にかわる最初の記録は京の貴船神社と、大和の丹生谷川上神社だった。その記録に少し触れておくと「類聚符宣抄」の天暦二（九四八年）六月条で、先の二社に「立板黒毛御馬」が朝廷から授けられ、これが最初の「絵馬」とされる。

(『新訂増補　国史大系27』)。ここにいう「立板黒毛御馬」が「絵馬」の板の事である。

これについて京都・貴船神社社頭の案内板「絵馬発祥の社」で「旱天には黒馬、霖雨(長雨・川元)には白馬又は赤馬をその都度献けて(朝廷が・川元)御祈願される例になっていました。しかしときには生馬に替えて『板立馬』を奉納した」とある。つまり朝廷は雨乞のために生きた「生馬」「神馬」に変えて「絵馬」を班給(天皇が分け与える意味・川元)していることだ。これは神仏習合政治の「不殺生戒」「殺生禁断」によるものと考えて間違いない。

「延喜式」神祇の臨時祭(雨乞など不定期、臨時に行なう祭・川元)について、天皇が住む畿内での「雨乞」には特に注意を注ぎ、「雨乞」の祈祷、儀式のために機内の神社八十五座が指定された(『新訂増補　国史大系

シシトギリ(猪の足跡)。神社の前庭で舞われる神楽。音楽を演奏する太鼓、笛等の演者の頭上には、その日狩りをした猪の生首が数十個、猟師の名前と共に奉られている。川元撮影。

交替式・弘仁式・延喜式前編』吉川弘文館)。そしてその中でも大和の丹生川上神社と山城の貴船神社は特別に重きを置かれ、雨乞のため両社に「各加黒毛馬一疋」(他の神社と違って、この二社は、それぞれ黒毛の馬を一頭加える・川元)(『新訂増補 国史大系 交替式・弘仁式・延喜式前編』吉川弘文館』)とある。黒い雲が天に広がる「長雨」には、晴天を求めて白い馬、干天・旱魃には黒い雲を求めて黒い馬、と決められていた。つまり、ここで書かれた決まり、黒毛の馬、白毛の馬は貴船社の案内板にあるそれと同じなのである——霖雨などは時に赤毛もあった。

とは言え「生馬」から「絵馬」に変わること自体——少なくとも「殺生禁断＝天候支配」を勧める側、つまり国家の立場にいる者達に、大きな心の変化、仏教の「一方的・独善的」価値観への傾倒を強めるものであったと考えられる。

そしてそのような心理的変化の表れとして、丹生川上神社の神官＝ハフリたちの、その心の変化の様子を考えると差別の原点、端緒がこのような神社の神官＝ハフリに迄ひろがっている現象がそこにあり、まさに検非違使が穢れに触れるのを避け、自分たちの本来の役務を「代行」にやらせる、その論理と同質・同根のものと考えられる。「差別の原点・端諸」が社会的拡がりを持ち、「差別の原因」となる一つの場面の瞬間を目の当たりにするものと私は考える。

三　「動物供犠」を「汚穢（とが）」「咎祟（たたり）」と見る「官人」「神職＝ハフリ」たち

京都・貴船神社とともに、畿内の神社で「雨乞」「止雨」などで朝廷から最も重視された丹生川上神社は、その公式サイトで「絵馬」にも触れて次のように書いている。

(1)　今を去る事千三百年余り前、第四〇代天武天皇白鳳四年（六七五）「人聲の聞こえざる深山吉野の丹生川上に我が宮柱を立てて（略）天下のために甘雨を降らし霖雨（長雨の事）を止めむ」との御神教により、創祀せられました。事あるごとに心からなる朝野の信仰を捧げ、「延喜式」では名神大社として、平安時代中期以降は、祈雨の神として「二十二社」の一社に数えられています。そして、近代においては官幣大社に列せられました。

(2)　丹生川上神社は絵馬発祥の神社のうちの一社と伝わります。雨師明神・水神宗社として、雨乞いには黒馬を、雨止めには白馬又は赤馬が献上されました。水の神に馬を奉ることが、のちの現代にみられる絵馬の起源とされ、祈りのかたちのひとつとして多くの人々に浸透しています。

(3)丹生川上神社の奉幣祈願は、平宝字七年（七六三）五月二八日「旱続きのため、幣帛を畿内四か国の神々に奉り、そのうち丹生川上には幣帛に加えて黒馬を奉った」（『続日本紀』）という記述によっ

上賀茂神社の絵馬

て歴史上に初めて表れます」

京都・貴船神社と大和・丹生川上神社で「絵馬」による天候支配が始めて行われたのが、先にみた「類聚符宣抄」天暦二（九四八年）年六月の「板立黒毛御馬」であれば、それまでは両社とも、「止雨」「祈雨」には白馬や黒馬が使われて「動物供犠」が行われたこともわかるが、丹生川上のハフリ達の「解文」（地方官人等、地位の低い諸官人が太政官や天皇に報告する文書）を見ると、彼らは天皇から班給される白馬黒馬などは、「絵馬」になる少し前からすぐには殺さずに、「雨乞」を行う日のために神社領地に「放牧」していたことがわかる。つまり、「天候支配」のための「殺生禁断」は、下級神職や諸官人の間では、ほとんど真剣に「天候支配」のための「殺生禁断」が守られていたことがわかる史料である。その反面、私がこれまで仏教の「戒律」の「裏側」と言い、戒律を破った時の仏教の「一方的・独善的」思想、勝手に「悪」と決めつける思想、そこにある「部落差別の原点・端緒」が、官人、下級官人、全国的な寺社の僧や神職を通して、社会全般に、徐々に社会的な構造として広がりつつあるのが分かる史料でもあることが次の「解文」でも伝わる。八九五年に書かれた「丹生川上雨師神祝（雨乞をする神職ハフリ）と禰宜」が書いた解文であるが、雨乞のために朝廷から班給された馬について「奉幣奉馬。仍四至之内。放牧神馬」「禁制狩猟。而国栖戸百姓并浪人等。寄事供御。奪妨神地。履触汚穢動致咎祟」（幣帛の馬神馬を請け、神馬として放牧している。とはいえ領内の国栖戸（先住者・川元）や百姓や浪人らが、供御（動物供犠なのは文意でわかる）にことよせて神地・神領を奪い、汚穢に触れ、咎祟を致す」（『新訂増補　国史大系　類聚三代格　前篇』吉川弘文館）と書いているのである。

「生馬」の供犠が「絵馬」に変わったのが九四八年であるが、その跡「生馬」の「供犠」が無くなったわけではない。そのことは様々な史料の中で分かるのであるが、丹生川上神社の祝（ハフリ）と禰宜（ねぎ）が書いた「解文」は八九五年なので、「絵馬」による「雨乞」等はまだ未知の時代だ。だから、「雨乞」のために天皇から班給される「神馬」は、雨乞が必要になるときまでは、各神社で「馬小屋」で育てたり、社領地に「放牧」したりして、その時を待っている。今でも各地の大きな神社に「神馬の小屋」が遺物として残っているのはそのためである。丹生川上神社では「放牧」していたのが分かるが、その神社が加茂神社とともに機内で一番「雨乞」を期待された神社である以上、いつかは「動物供犠」が予想される所なのは分かる。実際にこれまで何回も「動物供犠雨乞」を行なったことは、公式サイトの記録でもわかる。そうでないと「幾内随一」等の形容はありえないはずだ。

そうした神社の神職＝ハフリ・禰宜達たちが、「百姓」らが伝統的な行事として行なう「動物供犠」について、「汚穢、咎祟」と、仏教の「戒律」の「裏側」、その「一方的・独善的」価値観をもって、罵るのである。ここで、彼らの心的矛盾を指摘できる。「動物供犠」を行なう立場にある彼らにしても、そのような「一方的・独善的」価値観を持っている仏教思想が、「差別観」の「初期の状態」を越え、後戻りできない、「社会的構造」、あるいは「矛盾した情況が日常性になりつつある」といったような実感を抱かせる。これが、部落差別の社会的構造の端緒、肉を美味しく食べながら「屠者」を差別する、そのパターンと同じ心理であり、社会的構造の始まりを示す深刻な情況を示している、と私は考える。

ここで扱っている歴史上、決して見逃してはならない大きな価値判断が、神仏習合政治、つまり国家権力の方から決めつけられて、普遍性も持たないまま、「一方的・独善的」に烙印され「決めつけ」られ、いわば、千年以上にわたって今日に伝わる、我が国の社会的矛盾、社会的問題として、解決すべきと分かっていながら解決の糸口も見出せない問題の端緒を見せつけている場面ではないか。そしてつまりそれは、仏教の戒律の「裏側」、「破戒」の時の罰則ともいえる観念、思想そのものが「普遍性」どころか「整合性」さえ持たない、「独善」であることを示しているだろう。それは「神仏習合政治」を執る日本独特の権力的「矛盾」「悪政」の結果であろうと私は疑ってやまない。

四　巫覡（ふげき）禁止令について

ここまで見てきた日本の原始古代からの神職「ハフリ・ホフリ」達は宗教の分類からすると

呪術者であって、一定の教祖を持ち一定の世界観や戒律を持つキリスト教や仏教からは一段低く見られる傾向があったようだ。日本でも同質の傾向が手伝ってか、八〇七年平城天皇の時「禁断両京巫覡事」という、当時の首都を中心にした禁止令がでた。「巫覡」は漢語であるが日本でいう「ハフリ・ホフリ」あるいは「かんなぎ」を指すのは明らかで、その文案からしてもこれが「ハフリ禁止法」なのはあきらかだ。令文は「巫覡（呪術者の事・川元）の徒が好んで人の禍福を宣託し、愚かな庶民がその妖言を信じる。淫祠な呪術が繁盛し（略）社会の淳風を損なっている」だ。「淫祠」とは「いかがわしい神」という意味で、否定的にいわれているのはあきらかで、「不殺生戒」を「破戒」するハフリ・ホフリ、その屠者が含まれるのは見え透いている。

この「禁断両京巫覡事」で最も打撃を受けたのは、日本の神社にいた女性ハフリ、巫女であろう。その様子については中山太郎の『日本巫女史』が詳しい。彼は次のようにいう。「祝（ハフリ）が、元は巫女の役である」としながら、その「祝」＝「巫女」が、定着していた神社を「巫覡禁止令」によって離れ「歩き巫女―定職、神社を持たない巫女」が現れる。これは、ある意味、その時代の典型的・象徴的存在であろう。そしてそうした巫女全体について中山は「室町時代は巫女の暗黒時代」とし、さらに「江戸時代に入っては、巫女の堕落はその極みに達し、漸く賤民として、落伍者として、社会の一隅で（略）その社会的地位の如きは、ほとんど問題とされず、修験の徒や、陰陽師などの妻女となって、大昔の威勢などは夢にも見ることが出来なかった」といった存在になっていくのである。

そしてここで考えさせられるのは、賤民視される「巫祝」「歩き巫女」は女性であるが、彼女らが神社を離れ「歩き巫女」として所属する「声聞師」「道の者」「陰陽師」「七道の者」等の集団の中には神社を離れた「男ハフリ」も沢山いたのであり、この男ハフリは「俗法師＝非合法の僧＝濫僧」として神社を離れ〈呪術的お祓〉などしながら、神社を持たない「道の者」として、「僧の形」をして世を渡った。それを「濫＝みだらな」「僧」――「濫悪の僧」「濫僧」ともいったのである。

五　濫僧＝俗法師＝声聞師＝雑芸能＝賤民

喜田貞吉はここでいう「濫悪の僧」を「広義の濫僧」としながら、彼らについて「僧尼令にいわれる僧尼〈合法的な僧尼〉以外の俗法師」とし、彼らが「正式」な僧や尼僧でないのを指摘し「俗法師」という概念を用いたのである。そのうえで、喜田が別に書いた「声聞師考」という論文で「何分多数の俗法師ができてみれば、単に檀那〈仏教を支持する人・家〉の善根に訴えて如法の托鉢のみでは生きて行かれぬ」とし、そのため彼らは「千秋萬歳法師〈雑芸能〉」になったのもあろう。陰陽師の道（略）祈祷卜巫〈祈祷師〉に生きた者もあろう。これらはすなわちみないわゆる声聞師である」と強張する（『差別の根源を考える』河出書房新社）。そしてさらに具体的に「東寺の散所法師や、高野山の谷の者、興福寺の五ヶ所・十座の唱門師等（略）〈彼らは中世非人とされた〉諸国に算所あるいは産所といわれる唱門師の徒と同類である（略）寺の所属としての彼らは寺院境内坂堺外の掃除を掌った（略）『塵袋』にエタと称した浄人（きよめ）の徒であった（前掲書）とする。つまりここで喜田は、僧の形をして自分の神社や村を離れた「濫僧＝俗法師」は、都市にきて寺の掃除などを生業としながら念仏の真似事や祈祷者（これはハフリ本来の職務）の祈りを生かして生活するようになり、それは「道の者」ともいわれる「声聞師・唱門師」と同じであり、彼らの中から検非違使の「代行」をする者が現れ、鎌倉時代の辞典で知られる『塵袋』で「キヨメ＝エタ」と書かれた、その人達のことだ、と指摘する。

白川静は『字訓』で「はふり」について「けがれを払い散らすもの」と書いており、ここでも「濫僧」と「ハフリ」、そしてその一部が「キヨメ＝エタ」と一致する接点が指摘されている。先に、四章一節であげた検非違使の「代行」としての「清目＝河原法師」「非人」（『検非違使──中世のケガレと権力』丹生谷前掲）などは同じ生態として生きたのである。

第七章 「殺生禁断」が豊作をもたらしたとする記録

一節 「殺生禁断」＝「天候異変制御」の妄想が民間に広がる

一 多発された「殺生禁断」と、その結果

神仏習合政治の形態をとる天皇制国家は仏教の「不殺生戒」に頼って、それによって旱魃など天候異変を防ごうと、各時代の天皇が、必要と思われる時期に「不殺生戒」「殺生禁断」「屠の禁止」などを発令してきた。しかしそれで天候異変が改善されたという記録は、見たことがない。反対に「延喜式」の規定のように、一方で家畜の殺生・肉食禁止しながら、一方で牛や馬の皮革やその副次品を税として徴収するといった矛盾した政治をしたり、神仏習合政治以前からの民衆の「動物供犠」の習慣が根強く残っていて、国家との対立・齟齬が続くなど、神仏習合政治の仏教による天候支配は、うまくいっているとは決していえない状態だった。

いうまでもなく、今日の科学的知見からは、雨が降ったりやんだりの天候は、仏教の「不殺生戒」や天皇の「殺生禁断」には全く関係なく、海水などから蒸発した水蒸気と、上空の気温、気圧、気流によって決まるのであり、誰がどんな「祈祷」「供犠」をしても効果があるはずもないが、中には偶然の一致もあってか、その「祈祷」が通じたかのように思われる記録がある。

平安時代末期から鎌倉時代中期までの政治動向を記録した『百錬抄』（著者不明）という書物がある。簡単な条項を並べただけの箇条書き的記録であるが、それを見ると天治二年（一一二五）十二月二十七日条で、「此年以後、殺生禁制殊甚（この年以降、殺生禁断はなはだしく）」と書かれ、実際に諸国で魚網を焼き捨てたりして殺生禁断した様子が書かれている。殺生禁断が民衆の生活次元に届いている様子がわかるので興味深いが、驚くのはその次の年の十二月二十七日条で「今年五穀豊稔（略）殺生禁断之報（今年は五穀豊穣である。それは殺生禁断の応報）」と記録されていることだ（『新訂増補　国史大系第十一巻　日本紀略後編　百錬抄』吉川弘文館）。平安時代末期であるが、これはつまり殺生禁断が天候異変を制御し、五穀の豊作をもたらしたと認識していることである。（）内は川元。

岡田重精は「百錬抄」にあるこうした時代状況を見て「この時代の特性は院政から幕府政治への移行変遷の時期であるが（略）とくに武士の抬頭と戦乱、新仏教の発生と展開（略）が顕著な現象を呈している。こうした時代背景とともに天災地変が関心の対象とされ、現実的にも種々の災変が多発し」「また、殺生禁断は仏教の六斎日とは別に、むしろ災変に際して令示され（朝廷や幕府の禁令）」となるようになったとしている（『斎忌の世界――その機構と変容』国書刊行会）。

仏教の不殺生戒・殺生禁断がこの時代もまだ朝廷や鎌倉幕府による自然支配のイデオロギー

として使われているのがわかるが、同時にまた、奈良時代から平安時代半ば頃まで諸天皇によって度々発令された「殺生禁断」の「詔」の目的、「妄想的願望」が、ここに見るような形で民衆、庶民、百姓の生活に届いたと主張できる状態でもある。だが現代の科学的知見からすると、それもまた偶然の一致というべきであろう。

とはいえ当時は、こうした自然支配のイデオロギー、天変地異の制御、強いては国家による天候支配の妄想的イデオロギーが、一方で、日常的に本物の自然現象を前に、その現象に適応し、対応しながら稲作、狩猟、漁労、採取生活をする民衆・百姓の、その自然観、あるいは社会観に少なからず影響を与えるであろうことも、ある程度考慮しておく必要があるだろう。つまり、そうした影響による社会観、自然観が、「部落差別の原点」として見てきた、「殺生」を「悪」と見る、仏教の「妄想的」一方的・独善的価値観であり、そのために起こる「差別・排除」の社会的現象である。

二　鎌倉時代の天候支配――武士による自然支配と仏教

先に『百錬抄』の一二二五年（天治二年十二月二十七日条で、（）は川元）。「此年以後、殺生禁制殊甚（この年以降、殺生禁断はなはだしく）」と書かれているのを紹介したが、これはつまり、その背景で天変地異が続いていることを意味するわけだ。この時期はまだ平安時代末期であり、それから約六十年くらい後にできる鎌倉幕府の時代と直接つながるわけではないが、その鎌倉幕府の公式記録とされる『吾妻鏡』の一二六〇年（文応元）六月四日条には「諸国の飢饉といひ人民の病死といひ、法に過ぐる」と記録されており（『全訳　吾妻鏡　第五巻』訳注・貴志正造、新人物往来社）、それぞれの時代の政治権力者にとっては見逃し難い情況というべきだろう。そして私がここで注目したいのは、両者、両時代の対処の違いである。前者はこれまで何回も見たように仏教の「不殺生戒」、その政治イデオロギーとしての「殺生禁断」があるが、鎌倉時代になると、同じ仏教とはいえ、かなり色合いの異なるものとしての対処となっている。まずは鎌倉時代のそれを『吾妻鏡』に見てみよう。（）は川元。

「諸国の寺社、大般若經転読の事。国土安穏、疾疫對治のために、諸国の寺社において大般若・最勝仁王經（仁王経）等を転読せらるべきなり。早くその国の寺社の住僧に仰せて、精誓を致し転読すべきの由、地頭等に相触れしむべきなり。かつは知行所において堅固に下知せしむべき」（前掲書）。

つまり、天候だけでなく、自然的異変を前に、鎌倉幕府が「仁王経」によってそれらを防ごうとしていることだ。そしてまた、これまでこうした布告は、天皇または国司の名で詔、勅として発令されていた。しかしこの時代になると武力で天下を制した武士社会の頂点から発令されているのが特色だ。つまり、天皇に変わって武士が国家統治をするため、天候、自然を支配しようとしている。しかも幕府はそのために天皇・朝廷を頼むのでなく、幕府自身が先頭に立って、天皇、朝廷とは異なった仏教思想を用いている。この傾向はこの後ますます強くなり、様々な仏教経典の政治活用が盛んになる。そこには神より仏が上位に立つとする仏教の本地垂迹（ほんちすいじゃく）説が反映していると考えることが出来るかも知れない。ちなみに、先の発令・布告にある「大般若・最勝仁王経」が含まれている「大般若経」は膨大な量であって簡単に「転読」できないといわれるが、主要には「最勝仁王経」に絞られている。国家的意味合いは両者とも、仏教の教説に頼っているのが共通しているものの、天候観、自然観が「最勝仁王経」＝「仁王経」に集約されているのを知っての上と思われる。だからまずはその「仁王経」の教説、その思想を見ておこう。

すでに少し説明したが「仁王経」は正式名を「仁王護国般若波羅蜜多経」といい、ここにある「波羅蜜多」は「戒律」(「不殺生戒」も当然のように入っている)を守ることで多くの「徳目」があると説かれている。そしてその「波羅蜜多」を前に、その反対の「破戒」があると、国に「七難」が起こり、その内「六難」までが旱魃や長雨、地震など「天候異変」「天変地異」が起こると説かれている。その具体的事例はこの後すぐ八章一節でその本文を見るが、ここで「最勝仁王経」と「最勝」があえて付くのは、各地で武士同士の歴戦を勝ち抜いて武士の政権を成しあげた武士団の、その勲章の印であろう。本論はこの後は単に「仁王教」とする。

鎌倉幕府は先に少し指摘したような教説、その自然観、社会観をもつ「仁王経」を諸国の地頭等を触れ頭とし、地域社会に拡大しようとしている。

井原今朝男はこの鎌倉幕府の指令について、幕府が「国土安穏（天候支配も含む・川元）、疾疫退治のため祈禱を諸国守護人に命じ、諸国寺社に大般若、最勝王経（これは金光明経・川元）、仁王経等の転読を行なうように触れ、守護人らの知行所でも実施するよう下知した」（『中世の国家と天皇・儀礼』前掲書）とする。ここにいう「知行所」に直接生産者として、自然環境に適応しながら生きる農・工・漁猟民・革作などの百姓が存在するのはいうまでもない。

二節　やがて「被差別者」とされる「屠者」「革作」「皮田」

天候異変の原因を何らかの「祟」とし、その中に「穢」があれば検非違使が「実検・排除」したり、やがては「穢」に触れてはならない官人・検非違使に代わって、官人ではない「河原法師、清目、非人」等に「代行」させる社会的構造をつくった国家が、この時点では「仁王経」の信仰で「国土安穏　疾疫退治」の「願望」を実現しようとしているのである。日頃から自然環境、自然そのものと直接向き合って生活、生産活動する民衆、百姓にとっては、平安時代の検非違使による「穢れの実検、排除」の形態以来の新しい「型」であり、その生活、生産活動に様々な影響があると思うが、その中でも特にマイナスイメージを持って見られるのが「革作」——当時は身分的要素も含めて「皮田」と呼ばれ始めていた——であろう。奈良時代の天皇があれほど執拗に「殺生禁断」を布告し、九六七年には「延喜式」において、人間も含め、その他牛や馬など六畜の生死を「穢」とし、「穢忌」（穢れを避ける）をすすめ「触穢」（穢れに触れる）を禁じる法を施行していた。その同じ「延喜式」の中で、殺生しなければ得られない牛や馬の皮革を税として地方の諸国に課税したのである。その時の地方諸国を始め、郡や村は、それをどのように受けとめ処理したのか。国家的イデオロギーともいえる「殺生禁断」を前に、そして仏教で一方的に「悪」ときめつけられ、悪天候の元凶とも考えられていた牛や馬の「殺生」を誰がどのように行なったのか、それを知りたいと思っていたのであるが、その「屠者」、あるいは「革作」が「皮田」とも呼ばれ始めるこの時期、その当事者が当然ではあるが「百姓」として存在する場面が書かれたものがあるので、彼らの様子を少しクローズアップしておきたい。このころ各地で戦闘を繰り広げる武士が、その戦闘用具として鎧や腹当、防寒具として皮革製品が必需品だった。先にもいったが、七八一年、光仁天皇は、武士の甲冑について、鉄から皮革に替えるよう詔している（『読日本紀　下』宇治谷孟）くらいだ。だから国家も各地豪族も、戦闘用具の材料として皮革を備蓄した。

その「屠者」「革作」「皮田」が生活する様子が身近な史料にあるので、「社会的絶対矛盾」

の中にある彼らの在り方の一端を見ておく。ここで私がいいたいのは、やがて「被差別者」として描かれるようになる彼ら、兼業者としての分業者も最初から「被差別者」ではないし、孤立した生活をしていたり（近畿地方で「住み分け」が始まりつつあったが）、多くは「被差別者」だけの集団を作っていたのではないということだ。しかしその一方でそうした時期をこえ、皮革に課税されていた諸国の代表が戦国大名化し、自国の「屠者」「革作」「皮田」などの職業を「特権化」し、それにかわる代償などをもうける「双務関係」という形態はなくなり、何かの権利、義務と結びついて「社会的絶対矛盾」もなくなる傾向となる。

三節　後北条氏の「革作」と、その集団（共同体）の形成過程

百姓とは、本質的には分業共同体を現す言葉である。農民単独を示す言葉ではない。百姓とは、当時としては農耕生活を中心に、それを支え、生産を維持するための様々な技術、知識、労働の集合体を示す言葉であり、さまざまな製品を作る人たちである。そうした意味で百姓の一つ「革作」が、それら百姓の中に、どのように存在していたのか一つの手掛かりを見ておきたい。ここでは「一つの手がかり」というが、その手掛かりは豊臣秀吉から本格的になる各地「検地帳」を見れば、沢山の手掛かりがある。本論も、その中の一つの手がかり、中世関東地方を領

有した後北条氏の城下町づくりの史料を見てゆく。

後北条氏は一五三八年（北条氏綱）、小田原の山王原にいた長吏太郎左衛門に革作りの義務・権利を集中し、後北条氏の本来の領地である伊豆国にいた「革作」を統制した。その時伊豆国の各地、郡や村にいた「革作」の人数を村・町ごとに書き上げている。つまりそれが当時の伊豆国で「税」としての「皮革」を作る「革作」の総勢であり、町や村単位で何人いたのかわかる史料である。彼らが後に、その村、町に住む「エタ」と呼ばれる人たちである。次のようだ。

「伊豆国中、革作。　三島・三人、長岡・五人、田中一人、多賀・一人、宇佐美・一人、伊東・三人、大見・一人、船原・一人、川津・一人、白田・一人、仁科・一人、稲沢・二人　以上」。

つまり十二地域に一人〜五人が居住しており、伊豆国全体で二十一人の「革作」が居り、後北条は彼らに次のように命じる。（）は川元意訳。

「右、此のかわた。上より出かわ（皮）無沙汰なく仕可上、此ほか御用之かわ之仰付候はば。無沙汰なく可尋出（たずね出すべく）、或ハ人之被官になり。又は不入之在所（入ってはいけない他領）へ越ものをハ可成敗者也」（かわた頭より出る皮は支障なく上納すべし。このほか御用（将軍から）の皮、おおせ付けられた場合、支障なく尋ね出るべき、あるいは他領の被官になる者は成敗いたすものなり）（『編年差別史資料集成第五巻・中世編三』）。

ここでの「上」は山王原の長吏太郎左衛門のことで、相模国以外の、三島も含めた伊豆国の

「革作」が太郎左衛門を中心に統制されるようになった。そしてこのような指令を基に、彼らが行なう「殺生」が「穢」と見られ、生皮をなめして皮革に仕上げることが「キヨメ」であることが分かる。つまりなめしの技術を加えて「腐らない、柔らかな、加工の可能な皮革」に仕上げることがキヨメであり、キヨメられたものは「穢」ではなく、将軍も手にとることが出来る。そのような思想が、皮革の製造、「殺生から解体、なめし、皮革」の製造過程にあることを見逃してはならない。城下の町人町にある「細工＝鎧作り」がすでに「穢」でないという思想は、このようなプロセスの中で作られる。とはいえこのような思想は、まさに一方的・独善的で、権力の強権的力学が「穢→キヨメ」の間に入り込むことで成り立つ思想であり、権力者の治世的思い込みでしかない。そこにある「強権的力学」を除けば、それは人類の文化的、技術的発展の産物というべき文明的遺産であろう。部落差別、その難問を、その原因を探求してこのようにまとめれば、それは人類が築いた大きな文化遺産として迎えられ、飾られなくてはならないものになるはずだ。

なお、太閤検地では一般的に「エタ」という言葉が使われず、「皮田」が使われていることがよく知られている。戦国大名は自分が「領有」する「分国」の防備・確立のために常に軍備をそろえ、「皮革製品」の「武具」、甲冑や腹巻、防寒具、手甲などあるいは旗や幕などに欠かせないことをよく知っており、「革作り職人を大切にした」。一方で「戦国大名は差別しなかった」

という声が聞かれるくらいだ。しかし戦国大名は「分国」支配のため、民衆支配に必要な神社・仏閣をも大切にしており、部落差別が極端に多い「宮座」「寺座」の代表にもなるケースがあって、部落差別のことはよく知っていた。しかしだからといって、その差別観をもろに表面に出して差別していたら、当然軍備、武具の調達が遅れるのは明確であり、彼らの多くは「差別」を知りながら、それを表面に出さない「差別」「非差別」の両性格を持っていたといえるだろう。後北条氏も同じである。彼らは「エタ」はもちろん、「皮田」もほとんど使わず、まともにその職業を表す「革作」という言葉を使い、その技術そのものを評価し「呼称」とした（前掲書）。

そして私もこの呼称と背景にある思想が最も大切で的確だと思うので、私はこの後、よく知られている「皮田」と同時に「革作」を併記して使うこととする。

第八章　妄想の頂点――「神風」

一節　「神風」と「部落差別の原因」に共通する天候支配のイデオロギー

何回もいうが、天候異変や天変地異など、例えば台風や旱魃、あるいは地震など、それらの発生は仏教の戒律や不信仰から起こるのではない。大雨や強風を伴う台風、あるいは旱魃や長雨は、それを人が認識するかどうか別として、例えば雨や台風は、主には海から蒸発した水蒸気と上空の気温、そして地球全体を常に動く気流によって決まるし、地震は地球を形成する地殻の変動によって、その大小が決まる。それは今も大昔も変わらない。変わったのは人の認識である。

人類史約六十万年くらいの内、我が国では二百年くらい前まで神仏習合政治が続き、仏教の戒律を破るのは「悪」であり「破壊者」は仏教に「救われない」とされ、やがては「穢」ともされて「穢を排除・キヨメ」ることで、天候の正常化を図ろうとしたが、にもかかわらず、その「キヨメをする者」を「穢」に「触れた者」として「排除・差別」する、これまた「絶対的矛盾」としか言えない社会構造が構築されてきたのである。

こうした歴史の中、鎌倉幕府が新しく天候支配のイデオロギーとして活用しようとしたのが

「最勝＝最高の勝利者」という肩書のついた経典で、主要には天変地異を防ぐために説論される「仁王経」であった。その経の「天候支配」に関する部分をここに引用する。

「七難」のうち「六難」までが百姓に関係する「天候異変」のことであり、その「仁王経」を信じて守らないと天候が崩れて農耕生活などが出来なくなる、と説いている。そして「七難目」が、いわば国難に属するものだ。その七つの難は以下のようだ。（）は川元。

「仏の言はく、一には日月度を失し、日の色改変して白色と赤色と黄色と黒色となり（略）月の色改変して赤色と黄色となり（略）。二には星辰度を失し（星のめぐりが狂う）（略）。三には龍火・鬼火と人火と樹火と天火萬物を梵焼す。四には時節改変し寒暑恒ならず。多雨ふり雷電し、夏霜と氷と雪とふり（略）。五には暴風敷々（しばしば）起こり月日を皆隠し（略）。六には天地亢陽（日照り）し、堤池渇涸し草木枯死して、百穀成せず。七には、四方の賊来りて国の内外を侵し、兵戈競ひ起こりて（戦が続き）百姓喪亡す」（ＨＰ・近代デジタルライブラリ『国訳仁王護国般若波羅蜜多経』）

以上、いわば脅迫的に仏教思想を押し付けているといえるものであるが、奈良時代の諸天皇――中世、近世も同じであるが――天候支配の願望と、仏教の戒律の一つ「不殺生戒」の政治的表現としての「殺生禁断」が直接的には表面にないものの、これらの論説そのものが「護国三部経」の、先の二つの経典（「金光明最勝王経」「仁王護国般若波羅蜜多経」）の影響を大きく受けていて、それら二つの論説・思想もこの中に解けこんでいると言えるだろう。

そして、こうした内容を持つ鎌倉幕府推奨の経典が思わぬ形で「天下の大事件」、国難にぶつかり、なおかつ「仁王経」そのものがそれを「予言」していたと認識される側面もあり、大きな関心と注目を浴びると共に、実際に日本史を大きく動かす大事、大事件となるのだった。

その大事件とは一二七四年と一二八一年、続けて二度起こった、蒙古軍が日本を属国にする目的で九州に侵攻してきた、いわゆる「元寇」である。先に見た「仁王経」の「七難」のうち最後の「七難目」「四方の賊来りて国の内外を侵し、兵戈競ひ起こりて（戦が続き）百姓喪亡す」を思い出してもらいたい。蒙古軍の襲来がそこにぴたりとあてはまる。当時の為政者や宗教関係者なら、この部分と重ね合わせて、「仁王経」の予言が当たったと考える者が多かったと思われるところだ。

二節　「神風」という虚像

一　偶然が巻き起こす神話「神風」

「元寇」についてはすでに多くの人に知られていることであり、ここでは本論の展開に必要な情況だけ述べるが、この事件の顚末で起こったのが、その後、我が国の近代史までを陵駕した「神国」「神風」の神話の発生である。

蒙古軍からの使者によって、属国になるよう求められた鎌倉幕府は、当然それを断わり、蒙古軍が侵攻してくるのを実力で阻止するため、幕府御家人を軸に、国土防衛軍を編成。博多湾を中心に戦闘準備にかかった。

しかもこの時幕府は、防衛軍を博多に結集するだけでなく、宗教的行事として「異敵調伏」の祈祷を全国の寺社に命じた。個々の寺社の特性によって、様々な祈祷があったのであるが、鎌倉では、幕府の庇護を受けて極楽寺を根拠とし「非人救済事業」や「殺生禁断」を広く実践していた西大寺系僧侶・忍性にそれを命じた（『日本の名僧　叡尊・忍性』松尾剛次編「忍性の生涯」、吉川弘文館）。そして当然というべきか、忍性がそのために活用したのは、鎌倉幕府が「国土安穏」「疾疫退治」のために推奨している「仁王経」の読誦、講座である。

この忍性の「仁王経」の読誦、講座、つまり「仁王講」による「異敵調伏」の祈祷について細川涼一は次のようにいう。「稲村ヶ崎で百座の仁王講を行っている。この時の祈祷は幕府の命によるものであった」。ここにある「仁王講」は「仁王護国般若波羅蜜多経」（「仁王経」）による仏教会であり、つまり「異敵調伏」のために忍性は「仁王経」の読誦を続けたのである（前掲書）。

全国的な「異敵調伏」の祈祷であり、「仁王経」だけが使われたわけでないが、こうして始まった神仏頼みの祈祷であった。

一方で、いうまでもなく鎌倉幕府は軍事防御線を博多湾周辺に布いて防衛戦に臨んでいた。しかし蒙古軍は「大砲」に似た兵器などを持っており、日本軍の劣勢は続き、大宰府まで後退している有様だった。つまり本当の「国難」だった。しかしその時、よく知られているとおり、そうした事態を救ったのが、いわゆる「神風」だ。自然現象として、今日でも毎年大きな台風が通過して大きな被害をもたらす九州地域の台風。人にとっては偶然に起こった自然現象であるが、その台風によって、博多湾に集合した蒙古軍船団が一夜で全滅したのである。しかも二度の侵攻が二度とも同じであり、自然科学的発想の未発達な時代、その偶然を神話として受け取り、「神風」神話がまことしやかに巻き起こったのである。

二 「神国神話」の背景

こうした偶然によって「国難」を逃れたのであるが、それが「神国」神話になるには一定の背景があった。

この神話について『日本歴史大事典』（小学館）は「鎌倉時代半ばに元（蒙古・川元）の軍勢が来襲したとき、異敵調伏の祈祷のなかで神国思想が強調され、敵の船団を壊滅させた風は神風と呼ばれた」「豊臣秀吉はキリシタン禁圧を正当化するために、日本が神国であることを主張」「江戸後期に外圧が高まるなかで、元寇と重ね合せて神国思想を鼓吹」「その主張は近代に引き継がれ、戦争のたびに強調され、国家神道を支える思想となった」とする。

わが国でこれほど大きな影響をもった「神国神話」であるが、その神話の基軸にあったのは、鎌倉幕府がその政治の基軸的思想として「最勝仁王経」＝「仁王経」を活用。それを布告し、鎌倉幕府の現地では「異敵調伏」の祈祷として「仁王会」「仁王講」を忍性が行なっており、国を救った形の台風は、自然現象であり、稀ではあろうが偶然の一致にすぎないものを、仏教の影響、その教説の正しさを証明するものと主張され、しかも先に引用した「仁王経」の、脅迫じみた「七難」の「七難目」が宗教的「予言」に相似することから、その全体が「宗教的予言」のように想像される、そうした心理的作用が働いた、と考えられるのであり、その心理的作用は、例えば先に見た平安時代末期から鎌倉時代中期までの政治を記録した『百錬抄』（著者不明）という書物の天治二年（一一二五）十二月二十七日条で、「此年以後、殺生禁制殊甚（この年以降、殺生禁断はなはだしく）」と書かれ、次の年（一一二六）の十二月二十七日条で「今年五穀豊稔（略）殺生禁断之報（今年は五穀豊穣である。それは殺生禁断の応報）である」と記録されている（『新訂増補　国史大系第十一巻　日本紀略後編　百錬抄』吉川弘文館）。

このような心理状態と「神国神話」は同じであって、今日の自然科学からして、仏教の「不殺生戒」＝「殺生禁断」を守ったからといって農作物の豊作が実現するわけはなく、その豊作の原因は人の目に見えないところで、上空の空間の条件か、あるいは地面深くで起こる、農作物の成長に見合った何らかの自然現象によるものであり、その法則が発生する自然現象こそが豊作の理由なのだ。なのに、それを観察することなく、仏教の戒律を守ったが故の「仏の加護」とするところが、「元寇」で偶然起こった台風を、「異敵調伏」のために行なった各地祈祷、あるいは元国の侵略を「予言」した形の「仁王経」の読誦、「仁王講」の実行等の功徳・応報と考えるのとは、全く同じ体質であるのはしっかりと認識しておくべきと考える。

三　鎌倉幕府から地域へ発布した「制札」

『百錬抄』の一二二六年の記録で「殺生禁断」が天変地異を制御し「豊作」をもたらした、とする記録が現れ（『新訂増補　国史大系第十一巻　日本紀略後編　百錬抄』前掲書）、さらにその上、鎌倉幕府が『吾妻鏡』で指示した「神国神話」の原点にあたるともいえそうな仏教経典の「仁王経」を含めて「諸国の寺社、大般若經転読の事。国土安穏、疾疫對治のために、諸国の寺社において大般若・最勝仁王経（仁王経）等を転読せらるべきなり」（前掲書）、と指示した、鎌倉幕府の神仏習合政治の国家イデオロギーとして、さらにその上に「神国神話」が示され、いくらか逆説的ではあるが、幕府としてはこの上ない好機に恵まれたといえるだろうこの時期、本物の自然環境に直接向き合っていた、農耕・狩猟・漁労・採取生活者、つまり民衆・

百姓はどんな影響を受けていただろうか。現実の自然環境、自然そのものがもつ自律的機能、育成機能をもつものに対して、鎌倉幕府のイデオロギーは、これまでの神仏習合政治を越えておらず、両者間のギャップはどのようなものなのだろうか。

木下浩は越後・新潟県の部落史『辺縁の未解放部落史研究』（柏書房）において、十三世紀になって越後や佐渡に鎌倉幕府からの「制札」として「殺生禁断令」が布されたのをとりあげ、その社会的意味を考察している。（「制札」とは「禁制」のこと（『日本歴史大事典』）。

鎌倉幕府といえども、その初期の地域社会では、幕府が制圧した地域と、そうでない地域（荘園など）が混同しており、その混同を含めて木下は次のように述べる（）内は川元。「安堵地や進攻先の村々（荘園領地や領地争が続く村）などに対する制札もあるが、その（制札の）ほとんどが寺社へのものであるので、寺社への制札を中心に述べることにしたい。ここで寺社制札をとりあげる理由は、文言中に殺生禁断の一項を掲げ、それが生類殺生を職とするものを圧迫するだけでなく、前述した穢れとのかかわりをもつものであると考えるからである」とする（『辺縁の未解放部落史研究』前掲書）。その上で、越後と佐渡について「弘安六年（一二八三）四月、幕府〈北条時宗〉、白河荘〈北蒲原郡〉猿田等の地を、真珠〈姓を欠く〉（人名）に安堵したのが『越後国白河荘猿田村并温川条内次郎□□地頭職事』に見える。山野の『四至所定如此、至殺生者可禁断之云々』（寺領などの境界を定めるとき殺生者を禁断とすべき）とある」のを示す。佐渡では「長安寺〈真言宗清水寺〉のもので最も早い文永八年（一二七一）三月の、幕府が下した制札の内容は、次のようなものである。『右於寺中者、可禁断殺生之』（右の寺中では殺生禁断とすべき）」とあるのを示し、これらを木下は次のように論説する。

「以上の二例は、幕府が地頭・寺院領域に対して殺生禁断を命じたものである。峰岸純夫は、『殺生禁断』について、『鎌倉遺文』から関係史料を抽出し、十二世紀末から十三世末まで九七例を分析し、殺生禁断が問題化するピークが四時期（その時期のピークが四回）認められるが、そこに飢饉と外圧が深くかかわっていることを指摘した。すなわち、寛喜二・三年（一二三〇・一二三一）の大飢饉と建長四年（一二五二）の飢饉から正嘉元・二年（一二五七・一二五八）の大飢饉へと続く前後の時期、および文永・弘安両度の蒙古襲来である」（前掲書）とする。

つまり仏教の「戒律」が、「殺生禁断＝天変地異制御」の虚像の認識を生んだだけでなく、「外圧」に対する「異敵調伏」として幕府が活用した「仁王経」の、そこで説かれる「六難」（天変地異）と「七難」目（外圧）の教理（先に引用した「仁王経」の㈠から㈦難までの教理）が社会に拡大し、佐渡のような地域社会にあっても「殺生禁断」が広がる様子が述べられている。

第九章　仏教による「現世利益」と「殺生禁断」

一節　叡尊と忍性による「屠者」などの組織化・労動力化

一　戒律復興運動の西大寺系僧・叡尊

一二〇〇年代になって奈良や京都、鎌倉などで「非人救済事業」をしたことで知られる西大寺系律宗僧の叡尊と、その弟子忍性は首都だけでなく西国九州や東国の筑波、常陸などを遍歴して仏教の戒律復興運動を強烈にすすめた。しかも彼らは、これまでの国家仏教が基軸にした東大寺や延暦寺、興福寺など大寺院を通した布教ではなく、そうした権威や組織に反発しながら、地域社会の名もない寺を拠点にし、そこに集まる諸個人を対象に戒律を守る「善行」をすすめ、人々に「受戒」（戒律を承認）させたのである。

部落史にあっても叡尊と忍性の活動は早くから注目された。彼らが、中世非人の典型である奈良、京都の「坂非人」を対象に「受戒」をすすめ彼らの生活を「救済」したことで知られる。

忍性の師・叡尊は一二一七年、十七歳で出家。その後五十数年の間に「殺生禁断」を一千三百七十ヶ所に命じたとされる（『慈善救済史料』「西大寺文書」辻善之助、平楽寺書店）。この「殺生禁断」の箇所数について馬淵和雄は「一国平均にならせば（延喜式で全六十六ヶ国）、驚くべき数といわねばならない（略）。殺生禁断の論理は職能民支配の方便に容易に転換しうる。（略）鎌倉のような統治形態の場が一国で数十ヶ所もあったことになる」（『日本の名僧 叡尊・忍性』「叡尊・忍性教団の考古学」松尾剛次編、吉川弘文館）と指摘。この指摘は非常に重要だ。

馬淵がいう「殺生禁断の論理は職能民支配の方便に容易に転換しうる」は、本論が注目している「屠者」「屠児」「餌取」、後の「皮田」「革作」あるいは「動物供犠」、さらには漁師・猟師などに直接関連する職能者のことだ。「鎌倉のような統治形態」とは、叡尊とその弟子・忍性が鎌倉幕府の庇護のもと、首都鎌倉において漁師・猟師・屠者・革作などを殺生禁断の戒律で縛り、半ば「強制的」に「受戒」させ、それを条件にして「興法利生」＝現世利益の方便で、現在の職業を「許し」、そのうえで「受戒した弟子」として彼らを統治する形態である。つまり殺生禁断で現業を否定しながら、その職業を「社会的に必要不可欠なもの」とし、「興法利生＝現世利益」によって認め、叡尊の教理に引き入れて「安堵」する。それをもって彼らを支配・統制するのだ。私には「卑怯なやり方」に見えるし、仏教の「不殺生戒」の方に虚言や無理があると思うが、どうだろう。ともあれ叡尊の弟子の忍性もその形態を引き継ぐのである。

二　叡尊の弟子・忍性の「殺生禁断」

一二三二年、忍性は十六歳で出家。叡尊の弟子として活動。奈良の奈良坂でハンセン病者、坂非人の救済活動をしたことで知られる。一二六一年、鎌倉・極楽寺に移住し戒律復興運動をした。その活動は律宗の戒律「十善戒」――「金光明経」の十の戒律を守る「十善戒」を布教することだったが、その戒律の第一項目が「不殺生戒」である（第一章二節一を参照）。

馬淵和雄はこの忍性について「極楽寺は殺生禁断の布告によって生業を奪われる人々（漁師・猟師・屠者など、川元）への権利への還付と引き換えに、何らかの統括権を確保した」（前掲書）とする。「生業を奪われる人々への権利への還付」は非常に重要な意味を持つものだ。最初の頃は「殺生禁断の論理は職能民支配の方便」であり「現世利益」でその生業を許容し、その上で「不殺生戒」の戒律を「受戒」する意味だったが、さらに一歩進めて、そこに職能者の潜在的「権利」を認めながら、しかし仏教の戒律を「受戒」した以上、その信者として忍性やその教団に帰属して労役などを提供しなくてはならない。

つまり仏教の方便でその職能を認めながら、その代わりに橋や道路の建設人夫として使役されたのである。別のいい方をすれば、中世的で仏教的な「権利と義務」の関係がこのような形で派生したといえるだろう。

三　鎌倉幕府の現業＝民衆支配

そして実は、この支配形態は、鎌倉幕府が求める政治的施策でもあった。馬淵は続けて「幕府にとっては教団を通して現業分の実務を担う者を、教団にとっては文殊信仰（仏の知恵―叡尊の信仰・川元）の実践である社会事業の最高の後ろ盾を得たのである。以後両者による二人三脚の統治形態は、全国に急速に広まる」（前掲書）とする。

この指摘は的確だ。これまでの国家・天皇・朝廷にしても、その「詔」を百姓を始めとする複雑化する社会的分業の現場にそのイデオロギーを浸透させるのは難しかったのであり、それは鎌倉幕府も同じだった。しかし叡尊や忍性の活動は、矛盾や曲折を持ちながらも、その現場の人に届いていた。幕府はその回路、つまり仏教徒の活動を使って、現場の職能者、つまり様々な技術をもつ労働者を統治する形態を獲得することが出来たのである。これに対応する忍性たちは、幕府の後ろ盾を得ることとなり、一層強力な布教活動が出来る、そうした形態だった。

細川涼一は前掲書にある「忍性の生涯」の部節において「忍性は生涯に七九もの寺院の結界（殺生禁断）を行っている」とし、一つの例として常陸国・三村郷の様子を示す。「三村郷の住民に厳しい殺生禁断を課し、山野河海における狩猟・漁労を悪として誡める一方、雨乞（仏教の読経）によって住民の農業活動を擁護する断悪修善、現世撫民（現世利益）の思想を推進」（前掲書）といっている。このことはつまり、殺生を止める「断悪修善」が「農業活動を擁護する」とする「殺生禁断＝天変地異制御」＝国家的虚像のイデオロギーとしての「妄想」が最高の成果を達成し、百姓、農人たちが喜んで受け入れる、「虚像」であり、思想的要素を物語っているものであろう。

実は、叡尊、忍性が奈良や京都で行なった「非人救済事業」にあっても、基本的には忍性が常陸国・三村郷や鎌倉で厳しい戒律をすすめ、村人に「受戒」（戒律を信仰する。つまり仏門に入ること）を迫り、その代わりに「方便」として「殺生」の職能を許容する「現世利益」の手法と同じものだ。そのため奈良・京都の「坂非人」たちは、興福寺、延暦寺など大寺院に「帰属」し、それら寺院が行なう土木作業、あるいは「境界線争い」、さらには境内の「掃除・穢れのキヨメ」まで動員された。馬淵和雄の先の引用文にある「殺生禁断の布告によって生業を奪われる人々（漁師・猟師・屠者など）への権利への還付（現世利益・川元）と引き換えに」僧が得る「何らかの統括権」とはこのことだ。つまり現場百姓たちの現業保持はできるけれど、その職業と職人が幕府や大寺社の現業労働者であるのは免れない構造であり、社会から仏教的偏見をもたれ、差別されることは免れなかった。

二節　東北地方支配のイデオロギー

八七六年（貞観一八）、太政官から陸奥鎮守府に政令が出た。「最勝王経（金光明経）を講じ并せて吉祥悔過を修せしめるべきの事」とするものだった。次のようだ。（）内は川元。「件の法会諸国格に依り、各国庁において講じ修す、而るに、此府（陸奥）未だその例有らず、それ辺城（辺境）の鉢為らく夷の俘を養うに依り、常に敫生（殺生）を事とす（略）敫生（殺生）の基、ひたすらに此の府に在り、（略）析物（穀物）無きにより毎事闕乏す、望み請うらくは官裁、諸国の例に准じ、将に件の法（法会）を修し、滅罪の業と為さん、而るに、今に未だ報裁を蒙らず、重ねて言上せらるといえり（略）望み請わくは、早く裁許（征服）せられ、敫（殺）生の報いを脱せん・川元意訳」（『類聚三代格・前編』吉川弘文館）。

東北地方は大和政権から「蝦夷」と呼ばれ、その主な産業は狩猟だった。馬に乗り弓を使う狩猟技術は、侵略する者に対してはそのまま戦闘技術であり大和政権は陸奥国府を置きながらも、地域では強力な民衆の抵抗を受けていた。こうした民衆の抵抗を「鎮圧」するため「金光明経」の教理を利用したのである。

つまり「望み請わくは、早く裁許（征服）せられ、敫（殺）生の報いを脱せん」だ。大和政権の政治・統治のイデオロギーが「殺生禁断」なのがわかるところだ。東北地方でこの政令が容易に受け入れられたわけではないが、しかしそれは、朝廷のある畿内地域を始めとして、じわりと、しかも一方的に、民間の生活に近づいていく。

第十章　「部落共同体」の成立——百姓＝分業連合の中の部落の仕事

一節　「部落共同体」形成直前

一　百姓村の「屠者・革作・皮田」——百姓とは分業連合体を意味する

六世紀の中頃、日本に伝来したといわれる仏教（『日本歴史大事典』）、その戒律で、ほぼいつも第一義的に挙げられながら、しかし普遍性を欠いた「不殺生戒」の、その戒律を破った場合の「破戒の思想」が持つ一方的で独善的な、罰則ともいえる思想が、その「破戒」者、つまり「不殺生」を破った屠者、屠児、餌取等に向かって「悪人」と呼び、「人マジロイモセヌ」（『塵袋』）状態に追い込んだのであるが、そしてさらにその仏教の「戒律」、中でも「不殺生戒」が、現代いわれる「被差別部落」「部落問題」その差別の原点であり、端緒であるといってきたのであるが、彼ら「屠者」「屠児」「餌取」等は最初から一定の集団、例えば「同業者」とか、あるいはまた「被差別」の集団を組み、何かの社会的活動をしていたわけではない。彼らのほとんどは、当時の「百姓」として、主要には農村部で、農業を営みながら、その副業として、農業の力仕事として飼育していた牛馬が怪我をしたり、病気に掛かったり、あるいは老死したりしたとき、その世話をするのを副業としていた。当時の呼び名としては医療に重きを置いた場合「伯楽」と呼ばれ、牛馬の需要が高まって売り買いが多くなると「博労・馬喰」とも呼ばれるが、同時に怪我や骨折で働けなくなった牛馬を屠殺し、肉を売ることもあった。そのような人の一部を「餌取」と呼んだ。そしてその肉は、人間の体力増強に役立つのを人々はずっと昔から知っており、「薬肉」として需要は多かった。また皮は植物性タンニン（茶などの植物などから抽出される成分）など刷り込み、それを清流で荒い流して皮膚のコラーゲン質（固まる性質）を流し、乾燥しても硬くならない程度に鞣（なめし）して、加工の出来る、しかし腐らない程度にコラーゲンを残した皮革製品に仕上げた。この段階で「皮」は「革」と表記される。これが「柔らかく腐らない、加工の出来る皮革」である。

こうして、技術的には独自のものを持ち、主に農村集落に住んで、大工や鍛冶屋などさまざまな技術者とともに、人の生活にそれぞれ不可欠な存在として一つの村に一人二人、三人と住んでいたのである。

このような百姓としての存在を示す典型的な史料が先ほど示した後北条氏の領地、伊豆国での検地の整理表である。先に示した史料を見てもらいたいが、伊豆国全体で十二町村。農村部だと一村に一人か二人。町では三人から五人くらいの「革作」が住んでおり、先の、「百姓」としての分業を果たした。農業を営みながら「味噌屋」も「麹屋」「大工」などもいて、一つの「村落共同体」が存在したのである。

二 「細工」として現れる諸職人

また、一二二八年の常陸国の検注状で「細工」が、農人（中世社会で農業を専門とする人を本論でこのように呼ぶ。近世では「農民」と呼ぶ）を含めた「百姓」として一つの村落共同体内にたくさん登場するが（『編年差別史料集成 第三巻・中世編二』三一書房）、そこにある「細工」は当時、鍛冶や大工、革作（皮田）、掃除・キヨメなどの職人・職能者であったことが同書で解説されており、当然兼業的に田畑を経営している。つまり細工は、村落共同体内部にあって農業を営みながら一定の社会的分業として農業以外の独自の技術を持った人だ。先の後北条氏の検地の整理帳の書職人を「細工」と表現しているだけである。

これらの史料を見ていて分かるのは、風土に適していると思われる水稲稲作が中心的な作業・産業であるこの国では、しかし水稲稲作だけでは稲作の連続、あるいはその生産の向上は難しいのであり、さらには家族を含めた生活の充実も難しいのである。そのために、分業的な意味をもって、これまで見てきた様々な技術、職能が、たとえ一つの村、町にあっても必ず必要であり、そしてまた、自然発生的ともいえるくらいに、その村、あるいは町に必要な生産者、もろもろの技術者が発生するのである。それらを古くは「百姓」といってきたはずである。私は本論で、このような初期的な「百姓」の集団、つまり「村落共同体」を、とりあえず「共同体内分業」と呼んでおく。なぜ、敢えてそのように呼ぶかというと、このような初期的「百姓としての分業連合体」＝「共同体内分業」は、それぞれの分業の連合がほぼすべて自主的であり、必要な者同士が「ヨコ」に繋がり、当事者同士の話し合いで「分業の連合」あるいは「共労」が進んだからである。いわゆる「ヨコ社会」が主軸の社会だったのが分かるからである。戦国時代末期、主に関西地区で盛んに発生した「百姓の自治組織」といえる「惣村」には、「百姓」を構成する多彩な分業の自治的組織が主体だった（『日本中世賤民史の研究』三浦圭一、部落問題研究所出版部）。

三　差異があって成立する「分業」——分業の水平化

二十世紀、「社会学」の創成者エミール・デュルケムは『社会分業論』（講談社学術文庫）において、主にヨーロッパにおいて、分業を前近代と近代に分け、前者を「機械的・消極的」分業とし、後者を「積極的・有機的」分業とする。その大きな違いは前近代は「公務」（国家の支配）がある職業・役務が分業として存在していたこと、近代はその国家の支配を離れた同業者組合（ギルド。日本では庄園・惣村の同業者組合がギルドに近いといわれる）が主体となることだ。ジュルケムはこの同業者組合の「総連合」（分業の総連合）によって新しい社会を構想する。その場合、インドのカースト制職業差別をも視野に入れ、同業者組合の総連合がその差別を超えて「水平化」すると主張する。適確な指摘であると思う。

このエミール・デュルケムの指摘でもわかるとおり、「分業」というのはその社会、村や町などにとって必要不可欠なものとして存在するのであって、そうであるならそれらの技術の間に差別が起こるわけが無く、「水平」な「ヨコ」社会が築かれるはずだ。

自主的な「ヨコ」の関係にある分業連合、その組織体は技術・分業の「水平化」を起こす。つまり、分業の「連合体」は多様な職業・分業の「差異」が絶体必要条件であり、「差異」がないと分業は成り立たない。だからそこには「差異」を多様に包み込む「水平化」が発生するというのである。私も〝なるほど〟と共感するところである。

二節　百姓村「村落共同体」の「分離分断」——ヨコ社会がタテ社会に

ある時期の「百姓」の集団、つまり「村落共同体」を、とりあえず多様な分業に包み込んだ「共同体内分業」と呼んだ意味がいくらか伝わったと思う。

とはいえ、私がここで「百姓」を本来的意味で「分業共同体」とし、その百姓が住む村落共同体を、主体的なヨコ社会として「共同体内分業」と呼ぶのは、本質的にその可能性をもっていたとはいえ、その実現の可能性が感じられるのは日本史のなかではほんの一時期といわざるをえない。律令制社会はそれほど素朴ではなかった。そしてそのヨコ社会が本格的に崩壊するのは太閤検地以降の「百姓村の分離分断」からである。日本では仏教の伝来によって、仏教の普遍性を書いたと主張することが出来る戒律、その「破壊者」への罰則ともいえる「一方的・独善的」価値観によって、一定の分業者への「偏見」「排除」「差別」が生まれ、それは分業の主体的な「ヨコ関係」を破り、「水平化」を壊していたが、それでも、例えば「分国社会」といわれる戦国時代では、仏教的戒律で排除されていた「屠者」、つまり「革作」は、「分国」の防備に必要な武器や武具、特に弓矢を防ぐ鎧や腹巻などの制作のために絶対必要なものであり、長い歴史の中で築かれた「百姓」、その分業連合体としての「村落共同体」の「共同体内分業」がどうしても必要だった。しかし残念ながら、天皇の居住地がある近畿地方では神仏習合政治の影響で百姓村の中で「屠者」の排除が始まり、「住み分け」がなされていたのだったが、戦国大名はかろうじて「排除」と「水平化」を使い分け、戦を続けた。その代表であり勝利者が豊臣秀吉だった。彼は、分業連合体としての「百姓」、そしてその集団としての村落共同体の「共同体内分業」が「分国」を強くしたことをよく知っていた。そして自分が「天下国家」を獲った時、それまで敵であった諸国「分国」が自分と同じ力、武力を持たないために、「百姓」の分業連合体、あるいは「村落共同体」の「共同体内分業」を潰すため、いわゆる「兵農分離・商農分離」を行なったのである。彼の「平和政策」の根拠はここにあると私は思っている。だから、それを「兵農分離・商農分離」だけで済ませてはならないし、実際に「鍛冶」「革作」「大工」等、多くの職人をも「分離分断」しているのである。だから私はそれを「百姓村の分離分断」と呼び、壊滅した「共同体内分業」は、「天下・国家」を通すことになる「共同体間分業（国家介入の分業）」と呼ぶこととする。つまり国家を通した「タテ」社会が出来上がるのであるが、この段階を、これまでの「ヨコ関係」にあった「百姓の分業共同体」＝「共同体内分業」と何がどう違うのか、特に本論のテーマ「部落差別」はどう違ってくるのか。そうした側面に注意を向けて考えていきたい。

三節　百姓として分業連合体が共存していた様子——「皮田・革作」を中心に

一　牛を買って我が家に戻る皮田・革作

最初に理想に近い「共同体内分業」を見てみる。後北条氏の検地帳の整理表では、伊豆国内の村落や町に百姓として共住する皮田・革作が、それぞれ二人三人、あるいは五、六人と居住していたのがわかる。そして彼らに「屠者」としての仏教による偏見、一方的・独善的価値観がつきまとっていただろうことは容易に想像できる。領主としての北条氏も仏教の偏見については「無知」でいられるわけがなく、彼はおそらく「差別」と「非差別」の両方を使い分けた大名だったと私は想像する。そしてそのような情況は戦国時代は多くの地域で見られたのではなかろうか。

そのような時代、村落共同体の中で、皮田・革作がどのように生活したか、一つの地域の例を参考に見ておきたい。

時間的には少しさかのぼるが、太閤検地・刀狩り、身分統制令による俗にいう「兵農分離」「農商分離」――私はこれを「百姓村の分離分断」という。その理由はこの後も説明するが、当時の地域社会が兵・農・商だけで把握できるわけはないし、秀吉の「天下・国家」の内容も、もっともっと全体像をもって語られるべきと思うからだ――そうした情況の少し前、村落共同体内での皮田・革作の生活の在り方が一定程度わかり、「共同体内分業」がどんなものかわかり、皮田・革作の「斃牛馬処理」の職業的特色と、その社会的役割、その社会的関係が具体的にわかる史料がある。

たとえば、太閤検地の直前、主に関西地域を中心に百姓村＝村落共同体の地域的総連合というべき「惣村」が各地に発生していた。これは国家領域の国衙と私的領域の荘園の争いをはじめ、その後の在地領主による直接生産者、農人や諸職人への過剰な支配・収奪があり、背景の国衙と荘園領主による二重（庄園公領制）の課役などに耐えかねた農人など百姓が、自らの村落共同体を軸に、他の同じ村落共同体と連合し、主には郡を単位に自主的連合体を組織し、自治権などを主張、獲得していく「惣村」が結成されていた。その郡単位の連合体には、同時に、鍛冶や大工、皮田・革作など、共同体内分業者として生活していた職能者、職業者の職業的連合体もあった。

とはいえ一方、戦国時代＝分国時代を勝ち抜き「天下統一」を図る秀吉の「分離分断」は、この「惣村」をも解体することを目指していた。そのような時期の百姓（皮田・革作を含む）の生活記録の中に、皮田・革作が村落共同体＝百姓村や「惣村」の中でどのような存在であり、どのように「分業」を果たしていたかわかるものがある。

惣村は自主的自立的要素があって、おもに郡単位で構成されるのであるが、それを構成する多くの百姓村＝村落共同体（分離分断前はとりあえずこのように表記する）の中にいる皮田・革作たちが、それぞれが所属する百姓村＝単独の村落共同体を超えて、独自の同業者連合体を形成した事例があるのを先にいったが、その同業者連合体も自主的自立的要素が強くて、皮田・革作りの権利も独自に主張する要素を持っていた。

それは例えば、斃牛馬の意味とその取得権、あるいは取得圏——権利の及ぶ地域——などだった。それらは当然ながらも、その該当地域の諸々の職業者、特に牛や馬を「労力」として飼育する農人などとの関係性——江戸時代の部落共同体の大きな特権としての草場、または旦那場と呼ばれた「斃牛馬処理圏」と、同時にそこに発生する義務の特性を現す関係性などの共同認識が村民群民総体の中にないと成立しないもので、それだけでもヨコの関係がわかる——。

なお、部落史の中で大きな存在であり、これまで何回も取り上げた「斃牛馬」とは、死んだ牛馬だけでなく、老齢や怪我が原因で自ら動けなくなった牛馬のことである。これを知っておれば、次に紹介する具体的事例は理解しやすい。その具体的事例はつぎのようだ。

中世末、近江国甲賀郡に、郡内のほぼ全ての村落共同体によって構成された惣村＝「郡中惣」があった。そしてその「郡中惣」の中で、それぞれの村落共同体の内部に共存する皮田・革作が同業者連合として「郡中惣皮田」を結成していた。

一五九六年、「郡中惣」を構成する百姓・村落共同体のうち、泉村と宇治川原村が「斃牛」をめぐって皮田・革作と農人を包んで論議を起こしていた。

それはこうだ。百姓村・村落共同体の一つ泉村に共存する一人の皮田が、少し離れた百姓村で老牛を一頭買い取って――老牛でも動ける間は売買出来たし斃牛でもなかった――自分の村に帰る途中だった。隣接する宇治川原村の路上でその老牛が倒れて動かなくなった。「斃牛」になったのである。これを見ていた宇治川原村の農人が、自分の村で倒れたのだからといって、自分の村の皮田・革作「又」という男に知らせた。動かなくなった斃牛馬は、それまでの所有者が誰であろうと、動けなくなったその場で、その村の皮田・革作が無償で取得する権利を持っていた。これを「斃牛馬処理権」または「草場権」という。全国的にこの権利を「皮田・革作」が持っていたのである。その根拠はこの後詳述する。

しかし、泉村の皮田にしてみれば、自分が代金を払って買い取った牛だから自分の所有物であると、当然所有権を主張した。結局周りの農人も含めた論議となり、共同体の上位の裁決待ちになった。しかしその共同体は、泉村と宇治川原村が参加する百姓村・村落共同体の「郡中惣」ではなく、「郡中惣皮田」の代表が協議・採決したのである。つまり対象が斃牛馬であるのが明白であるためである。

結論は、泉村の皮田が代金を払って買ったとしても、牛が動けなくなった時点で「斃牛」となり、斃牛の取得権者はその現象が起こった場・村によって決まる。したがってその牛は宇治川原村の皮田・革作「又」のものである、とされたのである（『日本中世賤民史の研究』三浦圭一、部落問題研究所出版部）。斃牛馬処理権、圏の特権といっても、これだけ複雑な内容を持っているのであり、それは皮田・革作だけが知っておればよいものではなく少なくとも郡内の諸々の共同体が認識していなくては成り立たないものなのだ。

二　草場権（斃牛馬処理範囲）の原型

これを記述した「滋賀県水口町宇川区有文書」を紹介した三浦圭一は、次のように分析する。

「生きている牛馬の商行為は、『皮田』であるかないかを問わず自由にできたと思われる（略）牛が一旦自ら歩けなくなった段階から『斃牛』と判断され、牛の所有者はもはや自由に売却できず、牛が斃れた場所を斃牛馬処理圏としている『皮田』(その百姓村に共存している・川元)に処理権が自動的に移行するのである。(略)それを規制する組織は農村の連合体「惣村」で形成されているのではなく、郡中惣皮田と呼ばれる甲賀郡を規模とした『皮田』の独自な組織のなかで『自治的』に維持され規制され、一般農民と一般の農業村落は、それを追認する立場にあった」(三浦前掲書)とする。この事例で大切な特徴が示されている。

㋑農人や皮田など諸職・諸職能者が参加する「郡中惣」=「惣村」の内部に同業者連合体として「郡中惣皮田」があり、斃牛馬処理権を自治的に主張した。

㋺このあと一村独立する皮田村=(私はこれを「部落共同体」と呼ぶ。なぜなら、他の全ての共同組織が共同体と呼ばれるため――――)の特権といわれる「草場権」(斃牛馬処理権・川元)の背景がここで論議された職能的自立権(義務でもあるが)である「斃牛馬処理権」にあるとともに、近世・江戸時代の斃牛馬処理権・圏、またはその義務が、複数の農村におよぶ原型が、こうした「郡」を単位とした数個の百姓村を前提に論議し、決定し「斃牛馬処理権を自治的に主張協議・採決」した既得権・圏が基本となって定着したと考えられる。

先の三浦は、この草場権・圏が複数の農村を含む草場として確立する契機を、「甲賀郡中惣皮田組織の起源がいつまで遡行しうるか明らかではないが(略)戦国大名六角氏と結びつきの強かった甲賀郡中惣(惣村=川元)の成立と軌を一にしていたのではないかと想定しておこう。

（略）元亀元年（一五七〇）六角承禎没落とともに甲賀郡中惣の命脈はたたれたと思われるが、郡中惣皮田組織は豊臣政権下に引き継がれ、むしろ組織的強化がはかられ、慶長十三年段階にいたったものと思われる」（前掲書）と指摘する。

ここで注目したいのは、農人たちの「惣」が崩れたあとも、「郡中惣皮田」の組織は豊臣政権下に引き継がれたことである。その組織の引き継ぎは、「草場権」がおよぶ範囲での「草場圏」の引き継ぎでもあったと思われる。つまり、分離分断後、米作り一つに集約された農村の、その境界線を越えて、旧「郡中惣皮田」がもっていた斃牛馬処理権・圏が生き残っていたのだ。これは、江戸時代の草場権・圏が複数の農村を含む理由の原型の一つと思われる。

その時期になると、それぞれの「村落共同体」を構成していた百姓、つまり「革作」「大工」「鍛冶」「商人」、本百姓といわれた「農人」等が農業をしながら共存していた古くからの「共同体内分業」の形態が急変し、「一村独立」という名と共に、各地城下町を中心にした「部落共同体」「大工町」「鍛冶屋町」等が造られた。本論ではこの時期までの「農人」もまた、その一部で大地主であった農人の一定の部分が「武士」となり城下に移ること、そして残った小地主、あるいは「小作人」としての「農人」が「大地主」が立ち去った土地を分け合って、建前的には「自立」した「農民」となるため、「農人」の呼称を止め、以降は米作り一つに純化される「農民」と呼ぶこととする。

第十一章　「百姓村の分離分断」――生活に必要な多様な分業が国家に握られる

一節　「兵農分離」「農商分離」を見直す

豊臣秀吉の「太閤検地」以後、その後発令された「刀狩り令」などでよくいわれるところの「兵農分離」「農商分離」は全般的に日本史としての全体像を考えるには、大きな欠落、あるいは弱点があると思う。とはいえ、当の「刀狩令」での言葉、その表現としては「兵農分離」「農商分離」しか書かれてないのであって、ある意味仕方ないともいえるが、しかし実際には諸職人を「奉公人」と表現したり、「大工町」「鍛冶屋町」などが作られたのはよく知られるところであり（『日本歴史大事典』）、実際にそうした地域、町を現代でも我々は生活の中で活用し、それを前提に生活そのものが成り立っている、そうした現状も確かな事実である。こうした歴史と現状を、単に中世末期の「兵農分離」「農商分離」だけの歴史で終わらせてはならないと思う。

また、本論で扱っている部落史そのものにしても、この時期いわれる「兵農分離」「農商分離」だけでは、部落史そのものが〝見えないもの〟に等しく、それは、例えばこの問題の〝当局〟（そんなものはないが）の無作為というより、部落の側、あるいは「被差別者」の〝無気力〟として印象される可能性を残していることも考える必要があると思う。

先にも少し述べたが、戦国大名は、「屠者」「屠児」「餌取」、あるいは皮革の生産者「革作」への仏教の一方的・独善的価値観、そこから発生した差別というものを十分知っておりながら、しかし戦国時代を生きる武将らしく、「革作」がいないと闘いに勝つことが出来ないことも自覚しているため、彼らを大切に扱い、決して無視などしていないのである。その証拠としてこの後、秀吉が「エタ・皮田・革作」を動かすために使った言葉「奉公人」をこの後紹介していくことにする。

「兵農分離」「農商分離」では、その時代の全体像を把握できないのが明らかなので、「兵農」「農商」に当時の諸職、諸分業も含めることを考えて、これを本論で「百姓村の分離分断」と呼ぶことを断っておく。豊臣秀吉の「天下統一」とは、自分が将軍になるだけでなく、「兵農」「農商」を典型として、これまで主には自主的、ある意味自然発生的に「ヨコ」に連繋し、関係していた諸分業を、強引に「分離分断」し、それを「天下」「国家」に統一する、つまり「タテ社会」を作る作戦がそこに隠されており、それが実現する過程が「兵農分離」「農商分離」の矮小化された言葉の中に隠されているのを知る必要があると考えるのである。その典型を「部落史」の一ページとして見ていく。

こうした歴史過程を部落史を軸にしてみると、奈良や京都など政治都市では、それより早く諸々の職業共同体——主に同業者の「座」が荘園公領制のもとで形成されており、皮田・革作が属する「座」、あるいは単独の自治的「惣」もできていた。しかし、それらも織田信長の「楽市楽座」によって解体される傾向にあり、秀吉によるいわゆる「兵農分離」「農商分離」、さらには「兵・農・商」だけでなく、多くの技術的分野に別れる「職人」など諸職＝百姓の分離分断によって、城下を拠点にしながらそれらがそれぞれ「天下・国家」に統一される、新しい職業共同体が社会的構造として生まれてきたのがわかるのである。

部落共同体形成の契機はここにあるが、しかしそれはいうまでもなく部落、当時の皮田・革作だけの特徴ではない。そこでは、いわゆる「兵農分離」「農商分離」に続いて、社会総体の主要な職業——主には水耕稲作を軸とし、それをより成長させるために分業的役割を果たす諸々の職業、技能が、城下を中心に移住して新しい職業共同体を形成することになる。

しかし、現代、一般的な日本史の中では、本論で見る「皮田・革作」だけでなく、その他さまざまな諸職業・諸職人、技能者の職業的集団＝共同体の存在が欠落しているのではないだろうか。そのような実感があるので、そうした欠落を無視することなく、その時代の総体を把握する努力をしなくてはならないと私は強調したい。なぜなら、その後石高制で農民に視点が集中するとはいえ、現実的社会は、本来的に、あるいは基本的にこれら諸職、諸技能、諸分業によって成り立っていたのであり、そのため太閤検地以後よくいわれるところの「兵農分離」「農商分離」を単に「兵・農・商」にまとめるのではなく、その全体の概略を「兵・農・工（皮田を含む）・商」とし、これを「百姓の分離分断」、あるいは単に「分離分断」と呼ぶべきと考える。多くの場合これまでいわれた「兵農分離」「農商分離」だけでは時代の全体像を把握できないし、同じ意味であるが、部落共同体形成についても、それを「部落差別」だけに限定できない状況、つまりその部落共同体が差別だけで形成されたのではない状況をもここに見るべきであると考える。そうでないと、部落差別の原因はおろか、わが国における部落問題の本質も見えないまま、曖昧模糊とした状態のまま、自分たちの歴史を見ることになる、そうした可能性が高いと思うのである。

二節　「兵農商分離」では分類・分析できない社会の全体像

一　「奉公人」としての「皮田・革作」

近江国の「甲賀郡中惣皮田」の組織が甲賀郡中惣の命脈がたたれた後も、郡中惣皮田は豊臣政権下に引き継がれたのが三浦圭一の指摘でわかるのであるが、秀吉だけでなく、主な戦国大名たちが、当時「被差別者」といえる「皮田＝革作」あるいは近畿地域では、「穢多」とも呼ばれていたその人々をどのように位置づけ待遇していたか、史料としては少ないが考えていく。

『日本史大事典』（平凡社）は「刀狩」の内容について「諸国百姓等、刀・わきざし・弓・鑓・鉄砲、其外、武具のたぐひ所持候事かたく御停止候」と百姓の武器・武具所持を禁止、取り上げ、武器は「今度、大仏建立の釘・かすがいに活用する」とし、そのため百姓は大仏の加護で「今生の儀は申すに及ばず、来世までも百姓相助かる儀に候」と強調。続いて「百姓は農具さえもち、耕作を専らに仕候。子々孫々まで長久に候」と農民政策の基調を述べる。

もう一つの「身分統制令」は「侍、中間、小者などの武家奉公人が百姓・町人になること、百姓が耕作を放棄して商いや日雇いに従事すること、もとの主人から逃亡した奉公人を他の武士が召し抱えることなどを禁止し、違反者は『成敗』（死刑）に処する」としている。

これらによって「兵農分離」「農商分離」という言葉が重視されるのはよくわかる。しかしこれらの中でもう一つ「奉公人」が書かれている。しかも「もとの主人から逃亡した奉公人を他の武士が召し抱えることなどを禁止し、違反者は『成敗』（死刑）に処する」と厳しい姿勢が示される。この「奉公人」については一般的に「兵農分離」「農商分離」から外され、あまり話題にならなかったと思うが、どうなのだろうか。私の不勉強もあるかも知れないが、この「奉公人」はどんな人か？ また、これまでに何度か触れたように、当時の百姓村＝村落共同体の中に大工や左官、鍛冶屋などの「職人＝工」が少なくとも自分の生活のため、あるいは、農耕生活の成長のため自分の技術を生かす分業的存在として、これらの中にいたのは疑いようもないことだ。「検地帳」の中でもこれらの存在は明確で、しかも戦国大名が彼らを重宝にしたのは知られるところだ。「兵農分離」「農商分離」の中で彼らはどのように待遇されているのか。とりもなおさず本論は、ここで、「皮田＝革作」を軸としながら、この疑問に焦点を当てる。

越後の上杉景勝は秀吉から奥羽・会津への転封を命じられるが、その時の命令が「その方家中、侍のことは申すに及ばず、（略）奉公人たるもの、一人も残らず召し連れるべく候」だった。これについて池上裕子はこの指令の中に職人がいるのを暗示し次のようにいう。「統一政権や大名の築城などに職人として参加する（職人の役をつとめる）ことが、職人（工）の身分と営業権を獲得し公的にみとめられること」（『織豊政権と江戸幕府』「日本の歴史15」講談社）だとする。つまり秀吉の命令書にある「奉公人」に「職人」が存在したのを了解していると思われるところだ。

この時の様子を景勝の動きの中に見ることができる。景勝が会津に転封するに当たって、現地越後の「皮田」との関連は新潟県の部落史として結構論考されている。

越後では「皮田」を「かわや」と呼ぶ。その頭がいる部落共同体が上越市にあり「紫屋」の家号を持つ。木下浩はこの「紫屋」について「紫屋又三郎は上杉氏会津移封に従い、さらに米沢入部の際に随従者七名を連れて移住し、のち皮革業を差配」「随伴は譜代の下層身分として領主から信頼を得ていたのであろう」（『辺縁の未開放部落史研究』木下浩、柏書房）とする。

つまり秀吉の命令書は「刀狩令」「身分統制令」に出てこない「職人」を「奉公人」として把握していたことがわかるのであり、その後の上杉景勝の動きの中で、「かわや」「皮田」は、転封先の会津若松にあっても、その先の米沢にあっても、城下に「かわや」の集落を形成、単独の部落共同体を布いて、多くの人は藩内の百姓村で農業をしながら「屠者」「斃牛馬処理」を兼業していた。しかし会津も米沢も藩としては分離分断（よくいわれる兵農、農商分離）が十分ではなかったので、城下以外の地域では「かわや」は少数点在した。

他にも、「刀狩」「身分統制令」と職人・工との関係を考える手掛かりがある。戦国大名の後北条氏は相模国・小田原に拠点を置き「長吏、皮田・革作」に朱印状地を与えて皮革専業者の権利と義務を指令した。その中に「他領の被官になる者は、成敗いたすものなり」（『編年差別史資料集成 第五巻』）がある。これは天下を取った秀吉による「身分統制令」で「もとの主人から逃亡した奉公人を他の武士が召し抱えることなどを禁止」とするのと同じだが、ここで秀吉がいう「奉公人」と、後北条氏がいう「長吏、皮田・革作」は同じ意味を持つと考えてよい。

もう一つ、同じように戦国大名として史料をよく残している駿河の今川氏にあっても、藩の朱印状によって土地を与えられて「革作」を勤めている「皮田・革作」がある。その朱印状の意味するところでは、朱印状の土地と「革作」職の間に権利と義務の関係が存在するのはいうまでもないことだ。〝無税の土地を与えるから、皮革製品の製造に勤めよ〟の意味だ。〝権利と義務の関係〟といってもよい。その土地について今川氏は次のように書いている。（）内は川元。「かわた彦八（皮田彦八）か、ゆる（所有する）川原新屋敷壱町五段之分。先年岡部大和守奉者として出置訖」（皮田彦八が抱える河原新屋敷一町五反分は、先年に岡部大和守が奉者として与えたもの・川元意訳）とある（前掲書）。私が傍線で示した「奉者」であるが、これは「奉公人」と同じと考えてよいだろう。

これらの事例からして「身分統制令」にある「奉公人」の中に一定の職人がおり「皮田・革作」もその一部だったのが想定できる。

また後北条氏についても特別注目したいところがある。一五三八年（北条氏綱）は、小田原の山王原にいた長吏・太郎左衛門を頭とし、伊豆国各地にいた「皮田」を「革作」と呼び、長吏・太郎左衛門に統括・統制した。その指示書はすでに触れたが、「伊豆国中、革作。三島・三人、長岡・五人、田中一人、多賀・一人、宇佐美・一人、伊東・三人、大見・一人、船原・一人、川津・一人、白田・一人、仁科・一人、稲沢・二人　以上」である。この指示書でわかるのは、「百姓村の分離分断」前の、ここでいう「革作・皮田」が、一国内の村落共同体に一人二人、都市では多くて五人など、それぞれの村、町に百姓として存在していたことだ。

しかし、彼らも単独では生きていけない。当然農業を兼業するが、そのため車屋が作った荷車を用意しただろうし、鍛冶が作る鎌、鍬も用意しただろう。これは他の「農人＝後の農民」

なども同じだ。農耕生活をするために、他の技術者との分業的連帯が必要なのは当然だれにでもわかる。つまり、私がいう「村落共同体内分業」とはこのことだ。そして私がここで特に注目したいのは、ここに現れて一般的には「皮田」と呼ばれていた人を後北条は「革作」と呼び、その生業・職業の目的そのものを正確に表わしていることだ。この呼び名は、時代、地域によって「屠児」「屠者」「河原者」「キヨメ」「穢多」「皮田」などと呼ばれてきた。初期の「屠児」屠者」はともかく、その他は職業を表すよりも、その職業への偏見が先行するもので、近世初期の社会的分業の基本を把握する場合は、少なくとも「穢多・非人」では何を示しているのかわからないことだ。だから私はその職業名を「キヨメ役」と呼んできたが、後北条が使った「革作」が最も的確であることから、今後機会があるごとに、「キヨメ役」に「革作」を加えていくつもりである。そして私はこの時代の基本的職業、社会的分業のカテゴリーを「士・農・工・商・革作・キヨメ役・掃除（非人の職業・現代にもつうじる町の〈掃除〉等もふくむ）」とすることを提案したい。

二　「権利と義務」＝「双務関係」の意味するもの

①　天下統一と社会のタテ構造

豊臣秀吉の検地・刀狩・身分統制令が、諸国で「分国大名」といわれた戦国大名と、その配下の武士を除いて、その「分国」を構成していた多くの村落共同体の「百姓」——農人や職人、商人などの武装解除であり、それぞれの「村落共同体内」での分業関係としての自立的ヨコの関係を粉砕する分離分断であったのは間違いない。

そして、残念ながらそのことは同時に、本来的な村落共同体としての「村」、あるいは戦国時代＝分国時代の特色であり、わが国の歴史で最も強力な民衆の自治組織といえる「惣村＝村落共同体の総連合」、あるいはそれら共同体、その連合を支えていた自立的ヨコの関係を持っていたさまざまな職能・職業集団の分離分断が行なわれ、そのうえで、米作り一つに純化した農人を農民として在地に残し、武士、工（職人・皮田・革作を含む）、商人を城下に移住させながら「天下統一」のもとで、それぞれ孤立した職能、職業集団を国家・藩を通して統率、その統率の仕組みとして、統一国家とそれぞれの同業者的職業共同体の間に「主従関係」ともいえる「権利と義務」の関係を暫時設定、一定の自治性をもった職業共同体や新しい「座」を構成し、統率した。皮田・革作の「一村独立」もその形態の中にある——ここにいう「権利と義務」については追々説明していく——。

そうした形態の中にある同業者的共同体で、皮田・革作の「共同体」は鍛冶や大工、商人などと異なった大きな特色があった。それは、皮田・革作が作る皮革製品の原材料が当時は主に「斃牛馬」に限られており、それは主に農民が動力として飼育する「役牛馬」だったため、農民の居住地の近くに住む必要があった。しかも一方で、皮革を鎧や馬具などに細工する工程は、その需要（当時は主に政治権力の武具製造）の都合で城下、または部品など細部の分業のため都市に置くことが求められた。そのため皮田・革作は農村と都市の両方に住むこととなり、城下・都市に「頭」を置きながら、農村部と都市部の両者を合わせて一つの共同体を構成した。それが、京都、大阪などを除いて全国各地の城下を中心に配置された皮田・エタ頭の長、長吏を頭に、その城下の各村落に存在する皮田・革作の「長吏小頭」その配下の技術者としての皮田・革作の組織である。これを私は「部落共同体」と呼ぶ。全国にある様々な職業の共同体の一つである。

一方、野菜なども含め米作りに純化・専業化された農民は、耕作地のある本来の「村」に残るが、その「村」はかつての様々な技能を持つ百姓が共存した村、その本来の姿をした村落共同体ではなく、諸職能、諸分業は存在しなくなり、かつての地形としての「百姓村＝村落共同体」そのものではなく独立・自立のむずかしい米作り一すじの「村」＝「農村」となっていた。

この「農村」は、「諸職能」としての分業を村内に持たないため、その成長力の源泉ともいえる分業を「権力」に握られることになる。それが「国家と農村」を「権利と義務」で結びつけ、拘束する「双務関係」を結ぶきっかけとなる。しかもこの関係は、城下を軸にして「分離分断」された後の全ての職能者、その共同体との間にも設定されることとなる。つまりこれが統一された「天下・国家」「統一国家」の形態であり、「国家介入の共同体間分業」の基盤である。

この新しい形態によって、それまで「百姓村＝村落共同体」を構成していた諸職が「ヨコ」に連携していた分業連合は無くなり、常に国家がタテ構造で介入する「共同体間分業（国家介入の分業）」、つまり「タテの構造」の「分業社会」が生まれてくる。

このタテ構造の形態の社会的関係、その生産関係をアジア的生産関係というべきと私は思うが、その課題は別の機会に論証するとして、この形態、関係性を維持するために国家と諸職、といっても当時の主要な職業との間に、一定の関係性が制度的に現れてくる。そうでないと、秀吉の天下統一も絵に書いた餅に終わるだろう。そしてその「餅」にあたるものが、秀吉と同じ戦国大名がその戦力や藩を維持するためにとった手法、「権利と義務」の関係、江戸時代になってもよく使われた諸職との間の「双務関係」であると私は考える。先に少し述べたが、戦国大名が自分の分国で必要不可欠な職業の一つ「皮田＝革作」を自分の国に留めるため朱印地を与えながら特権化した「斃牛馬処理権」と、斃牛馬を無償で取得する地域としての「斃牛馬取得圏＝草場権」も、その一つであろう。その権利（しばしば特権とも呼ばれた）の代償として、皮革製品を無償で将軍、藩主に収める義務を持つようになる。

そうした意味で、この時期、分国時代ともいわれる戦国時代＝分国領主、つまり戦国大名や、その連続としての「統一国家」と、かつての百姓・諸職能者、その職業的共同体との間に生まれる「権利と義務」、または「双務関係」がどんなものか、特に、これまで双務関係としてはあまり取り上げられなかったと思う皮田・革作に焦点を当てながら少し詳しく見ていく。

②「双務関係」の実態

百姓村の分離分断も全国的に均一に進むわけではないが、それが比較的早く進んだ地域では、江戸時代初期から、国家・権力と諸職の間の「権利と義務」「双務関係」は進行し始めており、部落問題でも国家、藩主との間での「権利と義務」、その「双務関係」が明らかになる地域がある。部落問題を「社会外の社会」とする人は今も少なくないが「双務関係」としての「権利と義務」が成り立つのを考えると、その見解が間違いなのがわかるはずだ。わかりやすい例を挙げれば、「斃牛馬取得・処理権」は永い間、部落・皮田・革作の特権であるが、そのかわりに領主に皮革を上納する義務を負う。これは戦国大名と革作の関係で先に見てきたばかりだ。

しかし太閤検地以後の「百姓村の分離分断」=「国家介入の分業」では、全国一斉ではないにしても、その「権利と義務」の関係に大きな変化が起こってくる。「斃牛馬取得の特権」は主要な面で皮革を領主や藩に上納する義務との交換であったが、「双務関係」ではそれだけでなく、その「特権」を認めるかわりに、他の役務、職務が義務付けられるケースも多くなる。たとえば京都や大阪では、斃牛馬処理の特権の代償に皮革の上納だけでなく、「行刑役」が義務づけられる様子などがそれだ。部落共同体独特の特色としてここで取り上げておく。

第十二章　部落共同体の「双務関係」

一節　各地にある行刑と斃牛馬処理権の関係

一　戦国大名による「禁制」「折紙」

先にも触れたが、ここではそれを国家とその政権がある間は恒常的になる関係性としての「双務関係」として考察する。京都の部落共同体「あまべ」村について『京都の部落史』は次のように書く。「『河原細工人』『四条庭の者』と呼ばれる皮なめしや造園業にたずさわる河原者（略）が居住していて、なかには、『行刑役』につく者もあった。このように多くの人びとの住む『あまべ』は、上洛した織田信長・豊臣秀吉から『禁制』や『折紙』（権利と義務の証）が与えられとし、さらには「六条村」について「六条郷は歓喜光寺の寺地やその周辺に居住した河原者の集落で（略）六条河原の刑場で使役された河原者が住み、行刑役の代償として六条河原に皮干場として荒畠が安堵されていたと推定できる」とする（『京都の部落史4』京都部落史研究所）。

世界各地そうであるが、「行刑」は「国家の大権」ともいわれ、日本でも古代から国家の権限であり、にもかかわらず神仏習合政治の「不殺生戒」「殺生禁断」、それを「破戒」することの「罰」ともいえそうな一方的、独善的価値観としての「悪」「罪業・罪穢」の思想によって、古代律令国家の警察機構はもちろん、平安時代以降の国家警察機関＝官人（公務員）である検非違使も、自分たちが管理監督する「囚人」に、刑期を短くする約束でその役務を「代行」させ、「代行者」を「非人」と呼んだのである（『検非違使―中世のケガレと権力』）。

秀吉が、こうした国家機関の歴史を知らないとは考えられない。彼は神仏習合政治の「不殺生戒」・「殺生禁断」と、それによる危機管理をよく認識しており、そのためキリシタン禁止を断行している。それを考えると、秀吉は京都での検非違使による無責任な差別を十分知ったうえでそれらを継承し、戦国大名の頂点「天下統一」の野望を実現した、と考えてよいだろう。

二　「穢多」「非人」の権利と義務

仙台の部落共同体については仙台市が街づくりシリーズとして作成した『まち　河原町　その歴史と街なみ』で「皮田・穢多」を取り上げている。「河原町（略）に穢多町が指定され、穢多、皮坊といわれる」としながら、彼らの「権利」と社会的役務としての「義務」について次のようにいう。「ここに居住する穢多は、領内に十一郡の死馬牛を扱い、その皮革の細工加工と販売を一手に手がけ、また藩の武具や馬具の用達を勤める特権を与えられていたが、その代りとして罪人の磔刑のときには竹槍突きの役を務めなければならなかった」（『まち　河原町　その歴史と街なみ』伊勢民夫・鵜飼幸子、仙台市都市再開発課）とする。

ここには「藩の武具や馬具の用達」があり、「皮田・革作」と「武具」の繋がりがよくわかるのであるが、それらを「特権」としながら、その代償として「罪人の磔刑」があったこともわかる。また、「皮田・革作」「穢多」の「特権」には「藩の武具や馬具の用達」だけではなく「死馬牛（これは斃牛馬の間違い・川元）を無償で引き取る権利でもあった」とする。

三　長吏頭・弾左衛門と燈心

江戸の長吏頭・弾左衛門は「灯心商之儀、御仕置もの御役仕候由緒」（『近世被差別部落関係法令集』小林茂編、明石書店）とする文書を持っており、江戸時代に人々が夜の照明に使った「灯籠」「提灯」に火を灯す「燈心」を製造販売する「特権」を持っていた。これを「灯心製造販売の特権」といった。事実、灯心の原料の藺草を生産する農民からそれを集荷・獲得する権利をも持っており、販売も「特権」だった。その見返りに「御仕置もの御役」があるのを文書は示している。

四　大阪など地域の様子

大阪の西浜町の記録にある「徳川氏の始め」「断罪等の御用を命ぜらる」「同年中（略）革問屋を許さる」（前掲書）などもその一つと考えてよいだろう。

佐渡には江戸時代「穢多」はなくて「非人」だけだった。その非人は「夜廻非人」とか「番太」と呼ばれた。また「春駒」「大黒舞」など門付芸・祝福芸も担っており、その時は「乞食」と呼ばれた。中世的要素を残していると思うのであるが「夜廻」は金山のある相川町が対象で、二十八ヶ所の番所があり番所の番人と町の見回りが役務だった。しかし佐渡ではその役務に対して何か他の「役務」がつくというのではなく、二十八ヶ所の番人と町の見回りの労働に賃金が決まっていた。「弐拾八ヶ所、壱ケ所ニ付毎夜三人詰会（略）壱人ニ付賃銭弐拾六文宛」（二十八ヶ所ニ付毎夜三人詰会（略）一人ニ付賃銭二十六文宛・川元意訳）（『佐渡相川の歴史資料集編』）だ。

二節　諸職における「タテ」構造の支配

一　農民と双務関係

この「双務関係」は、農民や鍛冶、商人など多くの職業に広がるのであり、よく知られる「株仲間」も「双務関係」と同質の、国家が産業や、その運営の分野に介入する手段だった。秀吉がねらった「天下統一」「国家介入による分業」はこのようにして始まり、江戸時代を通して存在した。

野菜など含めた米作りに純化・専業化された農民は、耕作地のある本来の「村」に残るが、その「村」はかつての百姓が共存した村＝本来の村落共同体ではなく、いろいろな分業が存在しない、それ自体では独立・自立出来ない「村」になっていく。

斉藤仁は、その「小農自治村落」――大農といわれた者は武士化して城下にいた――の「双務関係」について「幕藩制国家が安全保障と経済的利益を小農に供与する、その代償として国家は小農の国家への従属姿勢を調達できた」（『自治村落の基本構造』斉藤仁・大鎌邦雄・両角和夫編著、農林統計出版）とする。この指摘が的確と考える。

二　鍛冶、大工など職人の場合

皮田・革作も職人であるが、分離分断によって部落共同体が生まれ、その村が差別の対象となるので、ここでは「職人」を「鍛冶」「大工」などを通して考える事とする。皮田・革作以外の鍛冶など他の職人としては、技術的には独特であり、それぞれ鍛冶、大工、酒屋など種類が多い。その中で鍛冶を取り上げると、刀鍛冶などは古代末期から盛んで、中世になると農具鍛冶、包丁鍛冶、鉄砲鍛冶など。また家を建てる大工も基礎から建築、装飾などあるが、それらは、例えば家を一軒建てるとしても、ほとんど全てが一軒の家の完成に必要な分業である。そしてそれらは古代からなくてはならない分業的技術であり職能であった。

そうした中「百姓村の分離分断」で城下に移住した職人が「鍛冶屋町」「大工町」などを形成したこともよく知られる。彼らは「株仲間」で幕府や藩の干渉、統制を受けながら、冥加金を上納したのである。この「株仲間」は商人や農民、革作にまで及んでおり、業種別の共同体を構成しながら「公権力の制約によって営業者数を制限し、営業内容を固定化・独占化して」管理され、こうした「流通統制を目的に（「株仲間」が・川元）設定」された（『日本歴史大事典』「株」）のである。

三浦圭一はこの中の鍛冶について次のようにいう。

「国内における刀剣の大量需要は、太刀を集積・販売する太刀座を出現させた。（略）一定の太刀を将軍家へ貢納する代償として、刀剣販売の独占権をえた」のである（『技術の社会史 1. 古代・中世の技術と社会』三浦圭一、有斐閣）。

このようにして、幕府・藩がそれぞれの職業に干渉し、それぞれの職業に、それに見合った「義務」を設定し、その代わりに一定の「権利」（職域・商域の権利など）を保障する。これがいわゆる「双務関係」であり、「百姓の分離分断」によって「世の中が変わった」現実の社会的模様である。

三節　江戸時代の職業的カテゴリー

一　「士・農・工・商・エタ・非人」を職業として見直す

私が高校生の頃、江戸時代の身分制度としては「士・農・工・商」の四民だったと思うが、その後すぐ「士・農・工・商・エタ・非人」がいわれるようになった。そして職業と身分・居住地の「三位一体」の身分制度ともいわれた。この「三位一体」の身分制度は、太閤検地以降の、いわゆる「兵農分離」「農商分離」、私のいう「百姓村の分離分断」の後も、同じようにいわれたのだと思われる。

しかし私はその頃、この「三位一体」に職業が加味されているのであるのなら、その序列「士・農・工・商・エタ、非人」の「エタ、非人」が職業として何を意味しているのか明確にはわからない、と思っていた。そこで中世の辞書『塵袋』の条項の一つにある「キヨメヲエタト云フハ何ナル詞ゾ」をヒントにし、そこに「エタ」の補助役的、本稿で指摘した検非違使の「代行」という仕事が「キヨメ」と呼ばれ、他にも「キヨメ」と呼ばれる場面が多く、その他に「掃除」など「非人」が行なう仕事も「キヨメ」なのを知って、「エタ・非人」の仕事・職業を「キヨメ役」と呼ぶこととし、これを江戸時代の職業的カテゴリー「士・農・工・商・キヨメ役」として使い、当時の基本的職業、その全体像として使ってきた。しかし「キヨメ」「清め」は多様でわかりにくいという声もあり、ある意味抽象的でもあって、あまり普及しているとはいえなかった。それはそれで仕方ないが、私は最近思い当たるところがあり、戦国大名の多くが使った「革作」「皮田」がかなり普及していることから、この内「革作」が「エタ」に最も的確な職業的意味を持つと考えた。しかも「皮田」にはいくらか身分呼称的要素が感じられるので、職業としては「革作」が最適と考えるようになった。

したがって、本論を機会に「エタ」の基本を「革作」とし、その他「行刑役」や「神社仏閣のキヨメ」、それらの補助役としての「餌取・非人」の役割、殊に「非人」に多い「掃除」も含めて「キヨメ役」とし、江戸時代の彼らの基本的職業的カテゴリーを「キヨメ役」と改めて提案しているところだ。その場合「キヨメ役」の具体性として事例を示すなら、本稿で始めて指摘した「検非違使の代行」は、公的にも「キヨメ」と呼ばれる場合が多く(『検非違使—中世のケガレと権力』)、しかもすでによく知られる『塵袋』の「キヨメヲエタト云フハ何ナル詞ゾ」のキヨメも検非違使の「代行」のことだろうとほぼ確定するところだ。その他これまでよく指摘された「斃牛馬処理」「行刑役」「神社仏閣のキヨメ」「掃除」など含まれるので、当時の職業的カテゴリーの中で使われるケースがあってもよいと思うが、「エタ」という言葉が本来的に持っていた「屠者」「屠児」「餌取」の歴史はなんといっても「革作」に集約される。例えば「延喜式」の中で「社会的絶対矛盾」を発生しながらも、皮革作りは欠かせない社会性を持っていたことから、それは一般の職人の中に残して、中世末期から近世における我が国の基本的職業とし、当時の「社会外」ともいわれた「エタ・非人」の職業をも巻き込んで「士・農・工・商・革作・キヨメ役」としたらどうだろうか。どの国でも、時代によって様々な職業が様々に呼ばれるとしても、職業的カテゴリーに入らない「エタ・非人」を残しておいてそれを職業として扱うのは納得がいかない。そんな強権政治の足跡をいつまでも残していてはならない。

またここで、職業的カテゴリーを問題にしたついでに、それに類似した課題を付け加えたい。私は最近「部落共同体」という言葉をしきりに使うようになっている。その理由などは本論の基本的テーマなので、本論の中で理解してもらいたいが、この「部落共同体」は江戸時代の「エタ」「非人」を同時的に把握した概念である。両者には細かい違いはあるが、歴史の大きな流れを見ていると、「非人」は「エタ」の「補助役」のように動いているケースが多い。例えば、奈良、京都、江戸では「非人」の組織は独立的で大きいが、全国的に見ると、分離分断の後は、「非人」の集落はおおくの場合「四散」するケースが多い。従来の位置、居住地にいる人は「エタ」とともに移動するケースが多いからである。特に先に見た職業的カテゴリーからも、「百姓村の分離分断」後、地域において両者を峻別するのは非常に難しいことで「非人」の村を構成するのは難しいからである。

二　変質する「共同体」――失ったヨコの関係を取り戻すことは出来るか

たとえば農民にすれば、新たに農地の領有・耕作権を持ち、年貢など貢租義務を持った農民、別のいい方をすれば、米作り一本に「純粋培養」された「農民＝小農」に対して、かつては「共同体内分業（百姓の共存）」として、同じ農業を兼業しながら、その兼業者の中に農耕以外の様々な技術、職能――つまり百姓――がたくさんいて、相互がそれらを必要としながら交換、助け合うヨコの関係、つまり分業としてのそうした社会的連帯をある程度自主的に行なってきた歴史を、「百姓村の分離分断」で失っているところに、その代わりに、その機能・関係を保障するために、統一国家が介入して「農民」と、他の分業を結ぶ形態をとる。「天下・国家」の統一とは、そうした社会的構造を統括する機関として生まれた、といっても過言ではない。しかし、百姓、民衆にとってそれでよいとはいえない。痩せても枯れても、自主的な要素を持たないと、その職業がどんなものであろうと枯れはててくるのは見えている。そしてその意味でまた、どんな社会構造であろうと、分業の全ては必ず必要なのであり、必要だから分業が生まれ、維持される。その分業の主体性、自主性は、ある意味必然的に維持される要素を持つ。民主主義とか平和というものは、絵にかいた餅ではなく、そうした全ての職業の主体的発生と、自主的分業、つまり連帯が必ず生まれてくると私は考える。そのために、かつての分業のヨコ関係を、国家を通したタテ構造を越えて機能させるようにする。これは「共同体間分業（国家介入分業）」を越えることであり、それは国家を、かつての百姓が運営し、百性が持っていた自主的なヨコの関係を取り戻し、農民や諸職が主体的にとり結ぶ「双務関係」を創造していくということだ。そのために部落共同体が認識され、「革作」「キヨメ役」が正当に認識されて、それらが、「差別」を越えて分業共同体として「ヨコ」に、そして正当に認識される。それは、その認識のための努力とともに、認識を実行するエネルギーと知識とともに可能となる。この思想の基本は、全ての分業は必要だから生まれるということにある。生まれても、必要ないものは死する。しかもその「誕生」と「死」は、本来「国家」とは無関係だ。必要によって、人の創意工夫によって生まれたり死んだりする。この自律活動を認識し、共同体的に活用すれば、「共同体間分業」を破ることが出来る。それが今までできなかったのは、あるいは気づかなかったのは、その分業の連帯、つまり自主的な「ヨコ社会」が崩れたのは、多様性を持った分業でありながら、その中の一定の分業に「差別」が侵入したからである。その差別の原因を潰せば、本来の「ヨコの関係」にある「百姓（多くの職業）の分業連合体」を再びとりもどすことは出来うると私は固く信じる。

三　諸職・分業と国家

話を元に戻そう。農民・農村が「百姓村の分離分断」で孤立し、「米作り」一本に統制されるのと同じに、職人や商人も同じ体質になる。

職人は技術的には鍛冶、大工など種類が多い。例えば鍛冶を取り上げると、刀鍛冶などは古代末期から盛んで、中世になると農具鍛冶、包丁鍛冶、続いて鉄砲鍛冶などがある。また家を建てる大工も基礎から建築、装飾など。そしてそれらは古代からなくてはならない技術であり職業だった。

こうした職人の中で江戸時代の鍛冶を見ると、近世になって鉄砲鍛冶、包丁鍛冶、農具鍛冶など技術の違いで分化し、彼らの専住的地域、町が形成されるケースが多くなる。包丁の「堺（大阪）」、大工道具の「三木（兵庫県）」、鎌の「武生（福井県）」「三条（新潟県）」、木挽鋸の「甲賀（滋賀県）」など（『日本歴史大事典』「鍛冶」）。これらはかつての「共同体内分業」を離れ、幕藩体制の中で地域的に「特化」した職業集団だ。また、もう少し小規模にみると、「共同体内分業」が「分離分断」し、城下に移住した職人が「鍛冶屋町」「大工町」などを形成し、職業共同体を形成するが、彼らは専門職以外との自主的直接的交流、例えばヨコ関係としての分業関係等はなく、「株組織」で幕府や藩の干渉、統制を受けながら、冥加金を上納したのである。この「株組織」は商人や農民にまで及んでおり、個々は業種別の共同体を構成しながら、「公権力の制約によって営業者数を制限し、営業内容を固定化・独占化し」「流通統制を目的に設定した」（『日本歴史大事典』「株」）のである。

ここでいう「流通統制」は商人や職人からの材料の仕入、仕込み、商品販売であり、分業としての交流だ。これらは本来商人、職人の個々の「得意」「権利」であるが、それが「公権力」に統制されている。つまり国家との関係としての「権利と義務」によって運営されている。

先に少し紹介したが、三浦圭一はこうした鍛治について「国内における刀剣の大量需要は、太刀を集積・販売する太刀座を出現（略）一定の太刀を将軍家へ貢納する代償として、刀剣販売の独占権をえた」（『技術の社会史　1．古代・中世の技術と社会』）とする。また原材料としての砂鉄を採取する「職場」もこの関係の中で権力に保障される。

四　部落共同体の場合

「百姓村の分離分断」によって、それまでは基本的に「百姓（様々な生業・職業）」として地域社会を構成する一つ一つの村落共同体に共存し、それぞれ分業関係、あるいはその連合体を構成して生活していた者、諸職・諸技能者が、城下を中心にして移住、それぞれ個別の職業共同体として再編成され、様々な職業に必要な諸機能、分業など、ヨコの関係を国家・権力に取り上げられていく過程がここまでも伴ってきた。「株仲間」などがその典型だろう。

この場合、部落共同体はどうなるだろうか。

部落共同体といっても必ずしも画一的ではない。第一「百姓村の分離分断」といっても決して全国一律ではなくて、諸職百姓の移住が進んだ地域と、武士や商人を除いてあまり移住が進まなかった地域が全国的に存在する。また近畿地域のように「百姓村」の中で、皮田・革作が共存する形態のまま、「差別」によって早くから「住み分け」が進んでいて、村によっては「革作」あるいは「検非違使の〈代行=キヨメ〉」など「被差別者」だけが住む地域が早くから出来ている百姓村が存在するところもあったりする。

だから細かいことをいえば様々な差異があるものの、皮田・革作の全国的な傾向として、あるいはまた職業的共同体としての部落共同体の成立は、「百姓村の分離分断」直後から始まっているといえる。なぜなら、「天下を取った」とはいえ、各地で激戦を戦ってきた戦国大名にすれば、戦は終わったとはいえ、自己の領地と、その中心にある城下に「皮田=革作」の頭=長吏を招き、それを中心に領地村落に、古い形の「共同体内分業」の形のままでいる彼らを新しい組織形態に変えるのは、急がないといけないとともに、そう簡単なことではない。先の後北条氏の「検地帳」の「整理表」にしても「長吏頭・太郎左衛門」を頭に新しい組織形態を作ったとしても、現場の「革作」は旧領地の町や村に残っており、その原材料としての「牛・馬」が農村で働いている動物であれば、その原材料を取得するために、誰かがそこに居住しなくてはならないし、それを解体、なめし、乾燥などをする作業は清流のある「河原」が必要であり、すでに利用している河原=工場を容易に離れることは出来ないのである。だから城下に移住する者と、従来の居住地に残る者が現れる。

部落共同体の形成といっても、大きな都市部では早く完成するが、地方都市になると、「百姓村の分離分断」さえ完全に行なえず、城下に皮田・革作の頭・長吏を置いたまま、多くはかつての百姓村落共同体に残ったままの皮田・革作もいて、部落共同体はどこでも一つの地域に集住出来るわけではなかった。それは、例えば中世の近畿地方でいくつかの業種で結成された同業者組合的な座に似ているが、違うのは、「分離分断」による共同体の内部にはやはり「株仲間」があって、離れた土地にいながら一つの共同体として、国家・権力の干渉を受ける存在になる「幕府や藩から株札（営業鑑札）の交付を受け（略）営業権、独占権を認められたもの」。（『日本歴史大事典』）だからだ。だから、自発的な組織とはちがったものとなっていく。ただ、私がここで敢えて「部落共同体」と呼ぶのは、基本的に同業者組合＝協会的であることと、それが、かつての行政区を越えて、または城下と地域社会を越えて直結する「一村独立」した〝行政区〟であり、かつて一つの「百姓村」の中で、さまざまな分業、その中での特技の一つを持った「屠者」「屠児」「餌取」などと呼ばれ、仏教伝来以来偏見を持たれ、差別された人々が、城下の「頭」を中心に独自の職業的共同体を作り、独自の行政区として活動することになったのである。それを「一村独立」といった。しかもそれはある意味、〝同業者的共同体〟をつくることである。

部落共同体の場合、城下の「頭」を代表に、皮革の原材料と、加工場の関係で、農村部に残る者と、城下、町に移住する者に分かれるが、同業者的共同体としては地域を越えた一つの共同体である場合が多く、共同体の権利と義務（双務関係や、例えば代行の義務などもふくむ）が、この共同体で管理運営されるのであり、さらにその上には「株仲間」等、国家の干渉機関が常に付き纏っていた。しかしそれにしてもそれは「一村独立」の行政区であり、城下の「頭＝長吏」を先頭にした運営にまちがいない。私はこのような、地域を越えて作られる「行政区」を包含して「部落共同体」と呼んでいる。現代は国際社会においても「ぶらくコミュニティ」という言葉が使われるようになった。より普遍的で一般的な呼称をもつことで、人々が部落差別の「偏見」「妄想」から少しでも醒めるきっかけが増えるのではないかと思う。

四節　現代的差別の体質、その構造の始まり

一　「百姓村の分離分断」と部落共同体

豊臣秀吉の「検地」を始め、「刀狩り」「身分統制令」によって始まり、よくいわれるところの「兵農分離」「農商分離」には、前述のような内容が含まれている。したがって私はそれらを「兵農」「農商」だけに絞らずに、当時「水稲稲作」の農業を成長させるためにさまざまな技術者が農業と兼業的に存在し、「百姓」として相互自主的、主体的に「ヨコ社会」として分業の役割を果た

していたのを重視し、その「百姓」のその後を見てきたのであるが、そしてその全ての分業が一つの社会の成長にとって欠かすことのできないものであることを確認しながら、本論ではしかし、その中の一つだけ、今も未解決である問題として「部落差別」があることを指摘し、「百姓村の分離分断」でそれがどうなっていくかを見ていきたい。

二　一村独立した「エタ村」その共同体に集中する差別

これまで何回もいったように、各地にあった伝統的な百姓村では、基本的に稲作農業をしながら、同時に、その稲のよりよい成長のため、そして住民の生活のため、そこで働く牛や馬の世話のためにも様々な技術者が農業を兼業しながら共存していた。その中に「屠者」「屠児」「餌取」等も共存していた。しかし仏教伝来以来、そしてこの国で神仏習合政治が始まって以来、それらの職業・分業が、仏教の「戒律」(「不殺生戒＝殺生禁断」)を「破戒」するものとして、普遍性を欠いた仏教の一方的・独善的価値観で「偏見」を持たれ、「排除」「差別」の対象になったのである。

また、奈良・平安、鎌倉時代、その後にかけても、「国家による天候支配」の「願望」にその「戒律」が利用され、その村の生活に必要な分業をして暮らしていた「屠者」「屠児」「餌取」たちが差別されるようになるのである。しかし仏教によるそのような偏見、差別があったとしても、例えばその頃は職業を変えることもあったし、職業を変えれば偏見・差別はなくなるものだった。平安時代も含めて中世的差別とは、おおよそそのような形であり、私はそれを、「中世的点と線の差別」と呼んできた。

しかし、太閤検地以降の、俗にいう「兵農分離」「農商分離」、私のいう「百姓村の分離分断」以降になると、個々人の職業、例えば「殺生禁断」「不殺生戒」を破る職業であるとか、そうでないとかが差別の主要な対象になるのではなく、「その村」、つまり「分離分断」の後、「一村独立」した一つの行政区、「部落共同体」に住んでいるかどうかで、差別・偏見の対象であるかどうかが決まる、そうした傾向に変わっていくのである。いうまでもなく、それはある日突然そのようになるのではなく、徐々にそうした傾向、差別・偏見の体質が変わっていくのであるが、その体質は現代にまで続き、しかも差別・偏見の内容は曖昧になり、例えば本論で追及してきた部落差別の原点・端緒とか、それが社会に拡大していく原理、そして何よりも「部落差別の原因」など何も考えなくても、そして知らなくても、「あの村の人」というだけで、結婚差別、就職差別、生活上の不都合が発生するようになるのである。

こうした差別は古代、中世の部落差別の原点・端緒・原因が、一方的偏見ではあるが、政治的にはそれなりに解明されてきて、それに対する批判・反論が何かの形で行われているが、そうしたものとは全く違って、「その空間」に居住するだけで差別・偏見を持たれるというある意味、新しいともいえる性質の部落差別が近世初期から生まれ、現代になってもますます曖昧に、しかし多様に理由もわからずに差別する状況が発生し続いているのである。

しかもわたしのいう「部落共同体」の今は、「屠者」「屠児」「餌取」ばかりではなく、「役場の職員」や、学校の「教師」、「医者」や「看護婦」まで、他の行政区とあまり違わない人々が住んでいるにもかかわらずだ。

このような曖昧な慣性だけの偏見・差別が作用するようになったのは、近世から現代に続く、空間差別、つまりほとんど意味もわからずに言われる「あの村」「その村」であり、中身も考えずに、「一村独立」した部落共同体を対象にした新しい形の差別が生まれ始めていることだ。

しかしそれは、「部落共同体が生まれた」からではない。もちろん無関係ではないが、村、共同体、その空間を差別するきっかけは、この国が、この国家が作り出したものなのである。

その〝罪深い〟経過を次に見る。

三　職業でなく「空間」を「エタ村」として差別し始めたのは国家だった

中世と違って、空間としての「村」が差別される歴史的事例は、徳川政権初期から国家、権力の側から始まっている。次のようだ。

①東海道、東山道の「一里塚」の里程から「その村」を外す

徳川家康・家光は一六〇四年、日本橋を基点とする東海道・東山道・北陸道を整備。街道の距離を目視できるようにした「一里塚」を改修、新しく制定するが、この時新しく制定した制度として「その里数ハ屠児の住地を除いて計る」(『編年部落差別史料集成　第六巻』前掲)だ。

これは明らかに一定の面積を持つ地域、「村」を対象にしたもので、その村、その空間を「穢」として「忌避」したものである。その認識は次の事項でわかる。

②金納

一七二〇年(享保五)幕府は「穢多納米之事、向後金銀納可致す事」(穢多の年貢納米は今後金銀納にいたすべきこと)とした。その理由が、二年後の幕府の説明でわかるが、ともあれ「百姓村の分離分断」以前は「百姓村」に共存していた彼らが「一村独立」した後、穢多身分として単独に年貢を納めているのがわかる事例でもある。

そしてその二年後、一七二二年、幕府は先の布告を少し修正して次のようにいう。「穢多、非人、煙亡之類納米金の儀、持高年貢者(所定の年貢は)穢れたる物に付米納に不致(いたさず)、前々石代金納に成来候処(前々から金納だった)享保十九寅年(七年の誤。引用文ママ)より米納も不苦(くるしからず)」(『編年部落差別史料集成　第六巻』前掲書)といった認識だったのである。

③生まれながらの「穢」

「皮田・革作」の一村独立によって、つまり「百姓村の分離分断」によって、基本的な分業者がそれぞれ独立した町・村を形成する中、「皮田＝革作」村の地域もまた固定的となり、そこで生まれた者は皆「皮田・革作」であり、通称「穢多」と呼ばれるようになる。その呼称を仏教の「不殺生戒」に反する場合の「悪」「罪業・罪穢」、あるいは「延喜式」で規定された「穢忌」「蝕穢」によると考えれば、その人自身は何もしないうちから「その村」に生まれたとして「生まれながらにして穢」といわれることになる。

このようにして、江戸時代の差別は、何を差別しているか、何が原因で差別が起こったか、そうしたことがわからないまま、そうしたことを考えようともせずに、「村」を対象に差別することとなり、人間本来の思考能力からすると大きな「後退」が起こっている。そしてこの傾向は、部落問題、部落差別として、人々の間に現代も続いている傾向である。

私はかつて、江戸時代の身分的序列としていわれた「士・農・工・商・穢多・非人」を身分呼称としてではなく、当時の基本的職業、あるいは基本的分業として見直したいと主張し、それなりの思考結果を先に書いたが、江戸時代使われた「穢多・非人」では職業的な要素がまったく伝わらないのがここでも認識出来るだろう。また同時に、仏教の「不殺生戒」は、その信者が菜食主義を続けるのはその人の自由であるが、それを社会に押しつけ、関係のない人まで巻き込んで「否定」するのは許せない行為であり、また冒頭でいった通り、それは地球生物の存在原理である「類的存在」を一部の人間の思い付きで否定し、類的存在の、そのまた原理の「食物連鎖」までを否定するのは、人類の普遍性から大きく外れていることをしっかり自覚すべきだと考える。

第十三章　民間の「雨乞」に残る動物供犠「殺牛馬」

一節　天候支配＝殺生禁断なのになぜ「殺牛馬雨乞」が残るのか？

一　真逆の形の雨乞「穢の供犠」――その記憶と伝統

さて、しばらく離れていたが、ここでもう一度「天候支配」にもどり、天候支配の一つ、主流としての「殺生禁断」と、しかし一方で、民間でのみ続いていた「殺牛馬」による「雨乞」との間にある、この違いの実情、その伝統や習慣の違い、そしてその根拠と歴史を考えたい。

平安時代末期から鎌倉時代に、検非違使の「穢の実検・排除」の「代行」として「穢のキヨメ」をやらされるようになった「河原者」「犬神人」「カタイ（ハンセン病者・川元）」「非人」などと呼ばれた人々のその後の情況、殊にここでは「百姓村の分離分断」の後、その「雨乞」の在り方がどうなるか、その様子から見ていきたい。

平安時代末期から鎌倉時代にかけて、ことに「元寇」の経験による「神風」の「虚像」による仏教への「信頼」が高まり、仏教経典による「雨乞」が盛んになっていた。そして同時に、動物供犠雨乞が極端に減ったといわれている。平安時代末から鎌倉時代初期の政治状況を記録した『百錬抄』（著者不明）では一二二五年十二月二十七日条で次のように記録している。（）

は川元。「此年以後、殺生禁制殊甚（この年以降、殺生禁断はなはだし）」とし、次の年（一二二六）の十二月二十七日条では「今年五穀豊稔（略）殺生禁断之報」（今年は五穀豊穣である。それは殺生禁断の応報）と記録されている（『新訂増補　国史大系第十一巻　日本紀略後編　百錬抄』吉川弘文館）。

「殺生禁制」が国家による「天候支配」の思想・手段であったことを考えると、この記録は国家、仏教関係者にとって大変な良報であろうし、「動物供犠」による「雨乞」が極度に避けられることはよくわかる。

また、先に述べた「検非違使の穢の実検・排除」の行為が、「河原法師、清目、非人」などの人々の「代行」に変わったのが一二二七年（太治二）から一一五四年（仁平四）の間であり、先の「五穀豊穣」の時期と近似しているのが気になるが、そこに何か政治的動き、または因果関係の記録があったかどうかはわからない。しかし、この時期「天候支配」としてはっきりしているのは鎌倉幕府の思想、姿勢である。

鎌倉時代になっても、古代的神仏習合政治は続いており、武家政治はそれを利用した。よく話題になると思うが、鎌倉時代の初期、一二六〇年前後に、諸国で天候異変が続いていたのは事実のようで、『吾妻鏡』の一二五九年六月四日条は「諸国の飢饉といひ人民の病死といひ、法に過ぐる」と記録している（『全訳　吾妻鏡　第五巻』訳注者 貴志正造、新人物往来社）。

先にも触れたが、こうした状況を前にして幕府は一二六〇年六月十二日、「制令」として全国の寺社に向け「国土安穏、疾疫對治のために、諸国の寺社において大般若・最勝仁王経（以下、仁王経）等を転読せらるべきなり」（前掲）を発令している。つまり、鎌倉幕府は現実の自然現象の異変を古代の「護国三部経」の内にある「仁王護国般若波羅蜜多経」（一般に仁王経（王のために尽くす経・以下同）による法会を開いて天候異変を防ごうとしており、動物供犠雨乞はこの時期から一般的に知られる記録としては見られない。

しかし、それでもなお、動物供犠雨乞は民間・百姓――特に農人――の間に残っていた様子があり、中世末期になって表面にでてくる。しかも表面に出た時は、「穢の排除」ではなく、それとは「真逆」といえる形として「穢の供犠」という形で現れ、国家・検非違使などの影も見られなくなってくる。

しかもそのうえ、「逆転」したともいえるこの「穢の供犠」といえるものが、その後近世になっても続き、近世、または近・現代にまで存続するのである。後で見るようにそうした「雨乞」の史料はたくさん残っている。

私はこの「逆転」ともいえる「穢の供犠」に強い関心と、ある問題意識をもっている。そのため、私が当面ここで問題にしたいのは、国家による「天候支配」が「殺生禁断」とその「殺生」、つまり「動物供犠」を「穢」として排除してきた歴史が長いにも関わらず、中世末期になってなぜ真逆といえる「穢の供犠」に変わるのか、ということだ。この問題を解決するためにこの後、部落共同体が近・現代まで行なってきた「動物供犠」＝「殺牛馬雨乞」＝「穢れの供犠」を軸にして、典型的な事例を見ていく。

二　中世末、百姓・農人の「雨乞＝祈雨」「止雨」の願い

鎌倉時代になると、仏教的な雨乞を除いて、動物供犠の雨乞が見られなくなる、というのが研究者の間の定評であるし、その根拠が「元寇」の時の「異敵調伏」が、主には「仁王会」「仁王講」等仏教的であり、それが「神風」に結びついたとする妄想があったというのは、すぐに思いつくことだ。しかし、そうした情況の中、鎌倉時代末期に、唯一「不浄を入れる」雨乞儀式の記録が残っていて、研究者の関心の的になっている。

その記録とは当時の公家・九条政基の日記『政基公旅引付』に書かれたものだ。中世も末期にあたる一五〇一年に書かれていて、百姓、農人たちによって行なわれた具体的な「雨乞」の様子が記録されているので重視されているが、私にとって強い関心を引くのは、先にいったように、「雨乞」の価値観や、その形が、これまで見てきたものとまったく違っていて、「供犠」する物が、これまで「忌避」「排除」「禁止」されていた「穢」「不浄」そのものであり、これまでとは真逆な現象が、ためらいもなく記録されていることだ。

もっとも、「雨乞」そのものは「請雨」として、仏教的な雨乞を最初に行ない、それでも効果のない時、「動物供犠」しかもここでは「穢れの供犠」を行なっている。

場所は和泉国日根野添荘。荘内の入山田村という農村（皮田・革作がいたかは不明）の四ヶ村が連合して計画、実行した。ここは九条政基の荘園であり国家の介入はなかったと思われる。『政基公旅引付』（『圖書叢刊　政基公旅引』宮内廳書陵部編）は、一五〇一年七月二十日条に次のように書く。（ ）内とその中の〈〉は川元意訳。

「従今日於瀧宮社頭有請雨之儀（今日瀧宮社において請雨〈雨乞〉の儀式在り）、犬鳴山七宝瀧寺之寺僧等地下沙汰之（神宮寺の僧や地元人が行なった）、三ヶ日之中ニ必有甘雨也（三ヶ日の内に必ず雨が降るという）、若不降者於七宝瀧沙汰之（もし降らないと七宝瀧の神社で行なう）、其猶不叶時者於不動明王之堂沙汰之（それでも降らないと不動明王堂で行なう。以上は仏教による）、其後猶不降者於件滝壷へ入不浄之物鹿之骨或頭風情物云々（それでも降らないと滝壷に不浄の物、鹿の骨あるいは頭などを入れる）、必無不降事云々（必ず降らないことは無いという）、三ヶ日以降ハ四村之地下衆令沙汰也云々（三ヶ日後〈仏教によるもの以外〉の請雨は、四村の住民が行なう）」だ。

ここで最後にある「三ヶ日以降の請雨」は僧もいなくて、村人が七宝瀧で祈祷など行い、それでも降らないと「滝壷へ入不浄之物」（不浄の物を滝壺に入れる）だ。これをやると必ず雨が降る、といわれる。

この日記には「誰が不浄の物を入れるか」が書かれていない。しかし「不浄の物を入れると必ず降る」としており、村人のその確信は、その時、にわかに思いついた事ではないのがわかる。そして、農民達の確信のなかに、かつての、あるいはそれまでの、百姓たちの歴史、経験、伝承、記憶が、記述の行間にただよっていると思われる。

九条政基のこの日記の以前まで、鎌倉時代以降、動物供犠の雨乞の記録はないといわれるし、後で見るように、近世以降の国家・藩は動物供犠には顔を出していない。つまり「延喜式」以後の国家は「不浄・穢」、または本来の動物供犠からも完全に手を引いたといえる。これもまた、検非違使が「罪業・罪穢」「穢忌・蝕穢」思想で、天候異変の正常化の思想、その作業の中にあった「穢の実検・排除」の実行から手を引き、それを「代行」にやらせること、または「行刑」にあっても、検非違使が国家的公事としてやるべき役務から手を引き「代行」にやらせるのと同じで、そのことで国家の「天候支配」または「公事」としての「行刑」が成り立っていると判断し、そうしたイデオロギー装置、社会的な「型」によって維持された中世後期――後で見るように近・現代まで続く事例がある――の「天候支配」であり、国家的「公務」であるため、しかもそのイデオギー装置は「罪業・罪穢」「穢」を排除することで成り立つものとなり、そのため「蝕穢」思想でその「代行」を「排除」する。さらにいえば、そのことは国家の頂点にいる天皇が「蝕穢」しないために、必要なイデオロギー装置として維持、継続する、そうした意味を持つことになるだろう。

これが、いうなれば「部落差別の完成」であり「定着」である。しかもこれは、部落共同体から租税などはしっかり徴収し、部落共同体と国家＝幕府・藩との間に「権利と義務」＝双務関係を結んでいる状態の上で、勝手にそれを拒んだり、否定することの出来ない形態として構成されている社会的形態の上であり、天皇を頂点にした国家にとって、この上なく好都合の形態、構造ということになるだろう。これが私の「問題意識」である。

三　「不浄の物を入れる」となぜ「雨が必ず降る」か？

①多彩な「雨乞」の最後の手段として

先にだいぶ触れたが、平安時代末期から鎌倉時代中期の政治記録である『百錬抄』（著者不明）という書物では、天治二年（一一二五）十二月二十七日条で、「此年以後、殺生禁制殊甚」（この年以降、殺生禁断はなはだし）と書かれ、さらに、次の年（一一二六）の十二月二十七日条で「今年五穀豊稔（略）殺生禁断之報」（今年は五穀豊穣である。それは殺生禁断の応報）と記録されている（『新訂増補　国史大系第十一巻　日本紀略後編　百錬抄』）例などあり、神仏習合政治にとって「殺生禁断」を是としながら、「殺生」を「悪穢」「悪」としてそれを排除するのは「天候支配」にとって不可欠といえる状態だった。

とはいえ、そうした記録から約四十七年たった時期の『政基公旅引付』に現れる「請雨」（雨乞）の、百姓・農民などの認識は、そうしたイデオロギーとは「真逆」な記憶、認識になっているのである。この現象は何を意味するだろうか。なぜこのように「逆転」してしまうのだろうか。

高谷重夫は『実帰抄』という書物の一〇三九年の伝聞を引用し、滝壷に「穢」を入れると「これを清めるために雨が降る」（『雨乞習俗の研究』法政大学出版局）としている。この伝聞からすると、少なくとも一〇三九年の時点で、古代とは真逆の「穢を清める雨」の祈雨止雨の儀礼が始まっていることになるが、そこには一定の根拠があると私は考える。

実は、これは私自身後で気づいたのだが「延喜式」編纂直前、この編纂を指示した醍醐天皇自信の詔として「詔諸国神社山川奉幣投牲。又掩骸埋胔。禁猟制漁」（災旱により、諸国神社、山や川に奉幣して牲を投ずことを詔す。また骨や腐れ肉を覆い埋め、猟や漁を禁じる。川元意訳）が出された『新訂増補　国史大系　日本紀略第三』吉川弘文館）。

つまり、単に神社や山川に「幣帛」するだけでなく「投牲（牲を滝壷に投げる）」ことが勅されており、これが原始、古代的な動物供犠、生き物の「命」を捧げる儀式なのは疑いない。しかも「骨や腐れ肉を覆い埋」めた、ともされる。この部分は、古代奈良時代からの「天候支配」と一致しており、そこでは動物の骨や腐れ肉は「穢」として隠されている。

この事例からすると、牲を捧げることを命じる醍醐天皇の詔と、「穢」を入れると「穢を清めるために雨」が降る、とする伝聞は、その間に約百二十年ばかりの時間差があるとはいえ、その価値観の「逆転」は国家行事の本来からするとあり得ない事であろう。

この「穢の供犠」ともいえる極端な変化はこの国の雨乞の歴史を調べる人は誰もがぶつかることで、考察もされている。高谷重夫は「聖地を汚して神の怒りを招き、降雨をいたす法とされているのは、その原型である供犠が血の汚れを忌む日本民族の禁忌の観念と抵触して、これを汚穢不浄とした為である」(『雨乞習俗の研究』前掲)とする。

しかしこの指摘には曖昧なところがある。九条の日記にある「雨乞」は、供犠する動物は「頭部」または殺した動物の胴体であり、すでに血は流されている。この場合、流出した「血」だけを選んで「忌む」というのは無理があることだ。これまで見た「動物供犠」を「穢」「咎」とする発想でも「血」だけを指摘する事例はなかった。『政基公旅引付』でも「不浄」とは「〈鹿の骨あるいは頭など〉」であり、「血」が対象ではない。

私は、ここにある「不浄」「穢」について、「血」だけではなく、もっと具体的に、それは「延喜式」での「穢忌・触穢」の規定に始まると考える。「穢忌」は「六畜(牛・馬・羊・犬・猪・鶏)の死五日。産三日。其喫肉(その肉を食う)三日」。「触穢」は「甲處有穢(甲所に穢あり)。

乙入其處（乙そこに入る）乙及同處人皆為穢（乙と同じ場にいる者皆穢）」だ（『雨乞習俗の研究』前掲）。

この「六畜」に「鹿」はないが、動物の種類だけでなく「穢忌・触穢」観が時代を下るごとに拡大されて　他の動物にも穢・不浄観が使われ、これらによっての動物供犠の記憶、伝承——つまり「殺生」への穢・不浄観を持たない時期の儀式——を蘇らせ、しかも「不殺生戒」が盛んなその時を「現代」として、動物供犠を「穢忌・触穢」観として受け入れ、「雨乞」が死活の問題となる農耕地域でそれをあえて「穢」として受け入れ、「雨乞」として用いるようになった。つまり「穢」といわれようと、なんと呼ばれようと、古くからある動物供犠をも行なうことで、仏教も含めた全ての「雨乞」を行なう。そうでないと「雨乞」をしたことにならない、それほどの覚悟で「雨乞」をしたのではないか。そのように考えるのである。

もちろん「不浄の物」「穢」は民衆・農民・百姓にしてもできるだけ避けていたのであって、まずは仏教の祈願に頼る。しかし、それでも効果がない時、民衆（基本的に農耕文化に接している者）は神仏習合以前からの伝統である「動物供犠」を、最後の手段として行なう。そうした「雨乞」の事例はこれまでもあったし、この後はもっとたくさん見ることになる。旱魃など天候異変は、農耕を基本にした民衆・百姓・農民にとっては生死をかけた問題だから、あらゆる手段を試みるのは当然であろう。ここに見る「穢の供犠」もその一つの手段ではなかっただろうか。

②部落共同体と「権利と義務」

この現象をもう少し現代的に、科学的に、距離を置いて考えると、人為的な「雨乞」は何をやっても偶然以外の効果はないのであって、逆に、そのためにいろいろな手法を試みるのであるが、その試みの一つとして、忘れかけている手法、たとえそれが「殺生禁断」と真逆な手法であっても――「殺生禁断」だけによって雨が降る確信をもてなかったと思われる――、とはいえその「真逆」の「手法」は最後の手法として試みられる。そのように考えられるのであるが、人為的な「雨乞」は何をやっても雨は降らないだろうが、しかしこれを現実から見ると、地球環境の中で、人為の「雨乞」とは関係なく雨は必ずいつか降る。「雨乞」の最中に降ることもある。また、「雨乞」をした以上、可能性としては最後に行なった「雨乞」の後、日数はいろいろだけれど、日にちが経てば、雨は必ず自然現象として降るのである。その意味で、奈良時代以来「穢」「悪」として「殺生」「動物供犠」が避けられながらも、「最後の手段」として記憶の中から蘇り「穢の供犠」を自覚しながら、「動物供犠」または「殺牛馬雨乞」が行なわれていた。そのように考えることも可能ではないか。

そうした意味内容を持つ「穢の供犠」の具体的事例は、この後章を改めて細かく紹介する。

そしてその時、戦国時代末期から江戸時代にかけて、「穢の供犠」が民間で公然と行なわれるようになる基本的理由として、一つは国家との「双務関係」によって民衆・農民が一定の自治を持ったこと。二つは、これも双務関係に関係するが、部落共同体が「一村独立」し、個人的生業や、その日の稼業によって左右されるのではなく、その共同体に生まれ、居住していることで「穢を扱う役」―先に江戸、京都、大阪の「双務関係」で見たように皮革生産（江戸は違うものもあるが）や行刑役など――が、国家、藩との「権利と義務」で縛られていること、が決定的前提といえるが、それらの役務、「義務」を前提に、「穢の供犠」の担当者として予定できるからである。

このような状況下で、江戸時代の民衆・百姓・農民の間で、彼らの一定の自主的選択もあって、国家・藩が関与しない場合「穢の供犠雨乞」が可能にもなっていた。そのように私は考える。このあとに詳しく見る江戸時代から、近・現代の「雨乞」にあっても、その「雨乞」の後半には部落共同体による「殺牛馬雨乞」が行なわれた史料がたくさんあり、そこに国家の顔はないのである。そのような形態の「雨乞」は、主には「農民」から「部落共同体」に「動物供犠雨乞」を「依頼」する形で行なわれるのである。つまり、この形態は、「穢れを扱う役」の固定（空間＝村の固定）が前提である、と考えられる。

第十四章　江戸時代の雨乞の特徴

一節　乖離した国家と民衆・百姓（百姓は農民だけではない）

天候異変、ことに「雨乞」「止雨」などに対して大きな権威・影響力を持っていた検非違使であるが、室町時代後期になると室町幕府・侍所、または政所に吸収されて、その権威・影響力は消滅する段階に入る。そしてそのことは、検非違使の「穢の実検・排除」として機能した当時としては新しい「型」としての「代行」の在り方も、その「型」をさらに変えていく。変わる「型」は、「穢の排除」を「代行」にさせることで、検非違使と「雨乞」の関係自体がなくなり、検非違使がその責任を取る必要が一切なくなっていく。検非違使にとって「穢」は「雨乞」にあってはならないものだったが、古来からの「動物供犠雨乞」そのものは動物の「死」が前提だった――皇極天皇期（六四二）の雨乞も牛・馬を殺した（『日本書紀（下）』講談社学術文庫）。しかも民間ではその歴史が圧倒的に永く続いており、その「効果」は偶然の結果であるにしても、その「偶然」は「効果」の経験・記憶として残っていたと考えられる。したがって国家・天皇に直結する検非違使の影響力が小さくなるに従って、民間の記憶が強くなる、そうした傾向が中世後期に始まっていたのではなかろうか。

そして、そうした傾向は江戸時代の幕府・藩政治の姿勢にも表れる。

一　仏教を軸にした「雨乞」

①幕府・藩は「天候支配」を寺社に命じていた

もちろん江戸時代も、国家の「天候支配」の「願望」は続いていた。しかしその主軸は天皇ではなく、仏教を軸にした社寺であり、なおかつ「国家と農民」等との「権利と義務」＝「双務関係」もあって、石高制のもと、直接的生産者である農民に一定程度認められた自治性も大きな効果を持つようになっていた。とはいえ、そうであってもなお、「不殺生戒」と政治用語としての「殺生禁断」はやはり「天候支配」の中心的思想であった。

高谷重夫は江戸時代の雨乞の特質についてまず中世を見ることから始め「中世においても、朝廷は祈雨の奉幣使（野菜や魚などの供物を捧げる人・川元）を各社に立て、あるいは緒大寺に命じて雨を請わしめることは以前として続いていたが、鎌倉期に入れば当然幕府もこれに関与するようになってくる。たとえば元仁元年（一二二四）に大旱に幕府は百座不動供（仁王経の講座・川元）、仁王・観世音教読誦、その他各種の法をもって雨を祈らせ」（『雨乞習俗の研究』前掲書）とし、江戸時代については「近世幕藩体制において、各藩がそれぞれ領内の農業生産に重大な関心を持っていた（略）そのため農業生産の重要問題である灌漑用水について（略）用水の統制・管理にもその手を伸ばし（略）、藩の手による雨乞祈願はこのような農業政策としての一面をもつものと思われ、多くの藩が自らの手で雨乞をおこなっている」（前掲）とする。「分離分断」後の江戸時代は「双務関係」もあって農民・小農の自立的行動も盛んとなり、農村が一村、または一郷で、個々に行なう雨乞もしばしば見られるようになる。しかしそのような場合でも、雨が降らなければ藩が乗り出すのである。その様子を高谷は次のようにいう。「それでも効目のない時は領主より令して緒方の神社・寺院に雨を祈らせた」（前掲）のだ。

やはり幕府や藩は農民が必要とする「祈雨止雨」について、最終的にその「天候支配」を考え、その立場を自覚していたのは間違いない。

しかし、高谷の指摘でわかるように、この時期の国家＝幕府・藩による雨乞指令の対象は神社、仏閣であり、その他への指令はなかった。そしてそれが何を意味するかといえば、古代天皇が「殺生禁断」によって「天候支配」、殊に深刻な旱魃の対策としての「雨乞」の現場、その儀式として様々に工夫し、最後は検非違使による「穢の実検・排除」まで具体化し、「天候支配」の「型」を作ってきたのであるが、しかしその「型」は「延喜式」に規定された「穢忌・蝕穢」思想と、仏教の「不殺生戒」などの教学にある「罪業・罪穢」の影響をうけ、検非違使が穢に触れることがなくなり、「代行」を置いた。そうした検非違使＝天皇・国家のやり方の、新しいパターン、つまり検非違使以外の「代行」を置いた「新形態」といえるものがここで生まれていたし、それはその後の「部落共同体」の構成要素にまでつながるが、しかし「仏教による雨乞」事態も古くからあり、江戸時代になると幕府の推奨もあってさらに盛んになる。とはいえ、仏教による「雨乞」はこの江戸時代に台頭するのではなく、神仏習合政治始まって以来、「不殺生戒」＝「殺生禁断」が天候支配のイデオロギーになるくらいに大きな影響を持っており、「雨乞」には常に仏教が付き添っていたのである。

例えば、神仏習合政治が始まって間もなく行なわれた六四二年の皇極皇天の「雨乞」は、日本古来からの「動物供犠雨乞」を行ないながらも、仏教と共に伝来したと思われる中国民間信仰としての「移市信仰」(市場を変えて人の動きを変え、雲の動きを変える信仰)や「何伯信仰」(川の神に祈る)を行なうとともに、雨乞のための仏教経典といえる「仏説大雲輪請雨経」を読誦する。それでも雨が降らないので最後に天皇が川上に行って祈り、やっと雨が降ったとされる(『日本書紀(下)』)のであるが、その時用いられた「仏説大雲輪請雨経」は、江戸時代になって、天候支配の主軸が「寺社」にゆだねられることになってからは、これまで通り仏教による「雨乞」が優先されるとともに、雨乞のための経典といわれるこの経典がより重視されたのは当然といえるだろう。

つまり、古代の政権にあっても、中世、鎌倉、室町時代にあっても、あるいは江戸時代にあっても、幕府や藩は、国内、藩内の農業生産に重大な関心を持っており、その灌漑用水の統制・管理、あるいは特に旱魃の時の雨乞には自ら乗り出している。

そうした形態・歴史の中で、しかもこの国独特の神仏習合政治――江戸時代は新しい神仏習合政治「寺請制度」が布かれた――の下で、国家が「天候支配」として「雨乞」を続けるためには、社寺に頼る形態しかない、といえる。そしてそこには、鎌倉時代初期の「元寇」で社寺による「異敵調伏」祈祷と、偶然起こった台風の一致による、人間の側の「虚像の信仰」、そのイデオロギーとしての「神国」「神風」の虚像が尾を引いているとも思われる時代傾向もあって、依然として仏教の「不殺生戒」とその経典への依存は続いていたと考えるべきだろう。

②仏教の雨乞は中国の民間信仰「龍神」に祈るもの

こうした時代情況があるので、仏教による雨乞の内容をここで見ておきたい。先に書いた六四二年の皇極天皇期の「殺牛馬雨乞」では「殺牛馬」を先に行ない、効果がないので仏典による「雨乞」を行ない、それでも効果がないので天皇が川上に行って祈祷すると雨が降った、とある。（皇極天皇期の雨乞にある仏教についてはすでに取り上げたが、重複を避けながら少し違った側面も挙げておきたい）

この時の仏典による「雨乞」について『日本書紀』は次のように書いている。「仏菩薩の像(みかた)

と四天王の像とを安置し、多くの僧を招き大雲経等を読ませた」である。しかもこの「大雲経」について括弧つきで（仏説大雲輪請雨経か）としている（『日本書紀（下）』）。従って、この「仏説大雲輪請雨経」がどのように雨が降ることを祈るか、その点に注目してみたい。

この経の主題は、中国の民間信仰としての「龍の水神信仰」を主題に、その龍が仏に向かって、自分の能力が少なく弱くなり、それを高めるにはどうしたらよいか尋ね、仏が「仏教を信じ、仏説（戒律など）を受持すれば、龍神の思いは通じる」と説くもの。実は「雨乞」に使われる仏教経典は『水天宮』など他にもあるが、それらもほぼ全てこの説法で通っている。この説法以外の内容といえば、多くは「秘教」として使われる一般的な経典からの引用であり、それらとも違う教説としては、「金光明経」や「法華経」を読誦することで済ませている。

そうした傾向中『国訳密教』という経典は先の「仏説大雲輪請雨経」の内容について次のようにいう。

「龍王が仏に対して一切の苦悩を除去し、雨を降注して一切衆生を利楽せしむべき法を仏に問うたのに対し、仏がその法を教えて陀羅尼を授ける」。「陀羅尼」とは仏教の行、教え、戒律を守る「善心」であり「破戒」を諌める心である。

こうした教説を前置きに次のように説く。

「（略）我等（龍王・川元）皆一切の諸仏菩薩の衆海を供養し恭敬し尊重し礼拝したてまつる。

一切の普偏實雨壮厳摩尼王雲海を以てし、(略)所業の處に、一切無礙にして、諸々の苦滅除して、心に歓喜を得て諸楽具足す。（略）意業を以て（略）修行すべし。復次に、陀羅尼（戒律など仏説を守ること・川元)あり、施一切衆生安楽と名く」(国立国会図書館デジタルコレクション「国訳密教」）など。

実はここに引用した部分は、すでに示した『大雲輪請雨経』に説かれている部分と同じで、仏教的にはこのような引用の仕方を「頓写」といい、「部分的な写経」とするが、この部分が「大雲輪請雨経」の中心的教説なのである（前掲解説)。この「大雲輪請雨経」＝「請雨経」は平安時代は朝廷の雨乞神事としてたびたび活用され、日本では空海が始めたとされる。ここで説かれる水の象徴「龍」は、中国では「雨」の象徴であるが、日本に伝来した後は、日本の民間で古くからあった「大蛇信仰」と一体化し、民間信仰として藁で作った龍や大蛇を担いだ「雨乞」に併用されている（『雨乞習俗の研究』高谷重雄）といわれるものである。

これが日本の古代から、近・現代まで、仏教的雨乞の中で最も重視され、多用された仏典なのである。そのほかには「大般若経頓写」「金光明最勝王経頓写」などが多様されている。

二節　仏教の政治「宗旨人別帳」

一　部落差別の「原点・その端緒」

その「原点」が社会に拡大していく「原理」、それが社会に定着する「部落差別の原因」を探ろうとここまで来たのだが、その中心に仏教の「戒律」としての「不殺生戒」、政治用語としての「殺生禁断」が大きな影響を持っていたのがわかってきた。その影響は、日本の国の政治、国家が仏教を政治に取り込み、世界的にも稀な形態としての「神仏習合政治」を布き、信仰の自由の対象であるべき仏教的戒律が、政治権力の一環として活用されて、社会的体制、その構造などに決定的な影響を持った歴史、その実態が見えてきたといえる。もう一つ、この神仏習合政治の中で、政治権力的影響を持った仏教の「戸籍制度」ともいえる「宗旨人別帳」について触れておきたい。部落差別において、その差別が社会に拡大する原因の一つとして、これほど大きな、そして決定的な影響を及ぼしたものはない、といえるほどに、その影響力は大きかった、そのように私は考える。

仏教の宗旨人別張といっても、それは神仏習合政治として江戸時代の「国家仏教」として作成されるわけだから、政治的、権力的に作成され、利用されるのはわかりきったことだ。しかも、一定の身分、「穢多・非人・隠坊」を「別帳」として書き出すもので、最初から「差別」するための人別張であるのは明らかで、しかもそれは戸籍制度としても利用できるものだった。したがって私は、その政策そのものを「仏教の政治」とする。

ともあれその具体的事例の一つとして、数少ない史料の一つをここで見ておく。

「元禄六年酉六月（一六九四）「美濃大垣藩では、次のような文書が地域の寺で回されていた」という。（）は川元。

「従来、宗門帳作成において、穢多・非人の類を別帳にしていて」と書きながら次のように続く。「最前申談候通、穢多非人之類、例年之通別帳に為認、公符にて御持参並右之類之者、（略）前々は其村名主方へ御預之事ニ候へ共（略）宗門奉行衆へ相渡候得と之御下知に候（略）」（『近世被差別部落関係法令集』小林茂・明石書店）。つまり「穢多・非人」は「別帳」を作って、宗門奉行衆へ届けるようにとある。

些細な事のように見えるかも知れないが、この別帳の意味は様々に大きいのである。一つの地域社会、町や村落共同体の中で、少なくとも神仏習合政治の「行政」の上では、「穢多・非人」が別の扱いとなり、いわば町や村落共同体の生活、その信仰や、寺院とのつきあいなどで、普通の交流、つきあいが成り立たない、「別」の構造が明記されたことになる。

このことは先に触れた太閤検地後の「百姓村の分離分断」にも等しく、ある意味「百姓村の分離分断」に続いて、「部落共同体」だけを切り離す、第二弾の「分離分断」ともいえる。天皇の住まいがある近畿地方で鎌倉時代から始まったと考えられる「住み分け」にひとしいものといえるだろう。

例えるなら、「皮田・革作・エタ」または「非人」「隠坊」が「百姓村に共存」している場合――秀吉の分離分断が進まなかった地域はたくさんある――そうした人々を今度は戸籍帳としての「宗旨人別帳」で「分離分断」したといっても過言ではない。

この場合、そこには村の境界線はないものの、宗教的、心理的境界線が発生して引かれ、その境界線を基に、あたかも境界線があるかのごとく「排除・差別」することが可能になる。部落共同体の場合、皮田・革作、非人、隠坊の一村独立によって、中世までは「誰々を排除」するとか、屠者、餌取を「差別する」といわれたものが、境界線が発生した後は「その村の人」、つまりその空間を差別するようになり、差別の原因や、仏教の一方的・独善的価値観など考えもせず差別する、その境界線、村の違いで「差別」するようになる、それと同じ効果が「宗旨人別帳」の「別帳」で、「差別」の「道具・原理」が加えられる。あるいは「烙印」された、といえるだろう。つまり「別帳」そのものが、宗教活動を含めた人々の日常生活に、そのような、「差別」の「意味」もわからず「差別」の境界線を引いた、と考え、それを基に行動するのは間違いないことだ。

二　「穢」を受け入れる民衆の素地

中世末期、九条政基の日記に書かれた民間の雨乞で「穢の供犠」があったのは先に書いた。これはそれまでの「雨乞」で「穢の排除」が第一義的だったことからすると「真逆」の変化であり、そのような変化が起こる理由として、秀吉による「百姓村の分離分断」の後「一村独立」した部落共同体が生まれ、国家との「権利と義務」の双務関係で「斃牛馬処理・革作」や「行刑役」がその関係性の中で定まり、その後は検非違使の「代行」が「穢を排除する役」として定着したように、国家のみならず、民間においても同じような事態が起こり、いわゆる「穢のキヨメ役」が定着することによって、「穢」の扱いが、「排除」を含めて許容されるだろうという観念が生まれる事は、容易に推測できる。

つまり「穢を扱う役」が地域の村落の境界だけでなく、仏教の伝播所といえる寺でその境界線が認められ別扱いされることで、仏教の戒律「不殺生戒」と「殺生禁断」で固定化した「穢の排除」、そこにある「職業差別」が確実に民衆の生活の中に入り、「穢を扱う者」への排除の認識がより社会的になるのは間違いない。そしてそのことが、「穢を扱う者」と自分たちの生活との距離感を作り、「穢を扱う者」あるは「触穢の者」がいても、「村の境界線」、あるいは「宗教上の境界線」があれば、それは人々が「穢」に触れたことにならず、だから差別が無かった時代、原始、古代から続く民衆の記憶としての「動物供犠」を、「境界線の外の人」が「穢」

として処理する、そうした社会構造、または精神的構造も、こうした国家仏教の在り方に関連していると私は思う。

そうした歴史的経過のより確実な証拠といえるもの、江戸時代後半期、また近・現代において、民間の「雨乞」の多くは「動物供犠」であり、「穢の供犠」を自覚したものが多くあり、しかもその「穢の供犠」を、部落共同体に「依頼」して行なわせる、つまり部落共同体が農民たちから「動物供犠」を「依頼」され、それを「請け」るケースが始まるのである。それはつまり、さらに新しい「雨乞の型」といえるもので、それは、「太平洋戦争」の頃まで行なわれていた。

次章ではその事例を示す。

第十五章　民間に残る伝統としての「動物供犠」「殺牛馬雨乞」

一節　農民が部落に「依頼」する「殺牛馬雨乞」の型

一　近・現代、農民主体の「雨乞」─「動物供犠＝殺牛馬＝穢を入れる雨乞」

こうしておとずれた現代――近・現代――その「雨乞」はどのように記録されているだろうか。まず、部落共同体が関係したかどうかわからないものから取り上げる。

原田信夫は『なぜ生命は捧げられるか――日本の動物供犠』（お茶の水書房）で、民間・農民が自分たちの必要性によって主体的に行なう雨乞の、その中の「動物供犠雨乞」（藁などで模擬的に作ったものも含む）が江戸時代になっても全国的に続き、それが近・現代まで続く史料を県別の一覧表「日本の雨乞と動物供犠」として四十事例挙げている。それをここで全て挙げる紙数はないが、明らかに本物の「動物供犠」（牛・馬・他の動物の首や血・骨であり、しかも模擬的な動物ではないもの）が全国に二十一件あるのを示す。表なので細かい解説はなく「本物の動物供犠」「穢の供犠」かどうか不明なものもあるので、まずはここで、「穢」の認識が明らかな事例だけ見ることとする。次のようだ。「雨が降り穢を洗う・和歌山県・一九一三年」「穢で雨神を誘う・岩手県・一九三五年」、「水神の怒りをかう・兵庫県・年不明」。「須川の滝に大勢で狩りをした獣を滝壺の水上で切り刻み、血水を滝に流しいれる・福岡県・天明三年」など。「牛馬の枯骨を湖中に投ず・年不明」など「骨」を「穢」とする場合もある。北は青森県から南は福岡県まで全国的現象である（前掲書）。

また佐伯有清は『牛と古代人の生活』で、古代からの動物供犠と雨乞の関係を解明しながら、古代末期から中世にかけて動物供犠雨乞が文献的に見られなくなるのを指摘。とはいえその後、近世から近・現代までの殺牛馬雨乞の例を全国的に挙げる。原田と重ならない例も多くて、たとえば山の名から解明して、大和国添上郡投牛山という山の名について「昔から、牛を屠って雨乞を祈った」名残りとする。和歌山県にある牛屋谷という滝についても「雨が降らない時牛の首を切って滝壺の棚に置き、（略）後ろを見ずに逃げかえる」などを挙げ、「大正年間まで、実際に行われていた」（『牛と古代人の生活』（日本歴史新書）とする。

高谷重夫は『雨乞習俗の研究』で「雨乞」の「様々な習わし」のすべてを詳細に記述。その記述では歴史だけでなく現代見られる事例を非常に丁寧に、細かく多様に見ており、動物供犠雨乞も多彩なのがわかる。それら全てをここで紹介するのは難しいが、その中で彼は「雨乞法の類型分類試案」という項目を設定して雨乞を五種類に分類する。第一は「祭場・祭具の浄化」。第二は「神出御――神幸式・龍神出御（滝壺など・川元）」。「仏教によるもの」「神宝解扉――鏡・珠・鹿角・壷など」を挙げる。第三は「神饌・供え物・動物供犠・汚物投入」。第四は「宣託・ト占・立願・宮籠・お札など」。第五は「芸能――囃子・各種踊り・神楽・獅子舞・人形芝居など」と示す。本論はこの中で第三の「動物供犠・汚物投入」に関心を持つが、それらも藁・木・土製のものなど多彩で、各県ごとに数十例はある。

高谷のそうした事例の中に、私が特に注目するものがある。それは、高谷が『雨乞習俗の研究』で示す近世、近・現代における畿内地域の「殺牛馬雨乞」と、寺木伸明が『近世身分と被差別民の諸相』で書いた部落共同体による動物供犠、殺牛馬雨乞に一致する部分があることだ（『近世身分と被差別民の諸相』）。したがってまずは、これら両者が一致する事例を取り上げる。とはいえ、高谷に限らず佐伯も、先に見た原田も、動物供犠雨乞と部落共同体との関係についてはまったく触れてないのである。

だから寺木が挙げる部落が行なう動物供犠の事例と、高谷が記述するものとで一致する部分を取り上げ、なお、それらとは別に、私が読んできた部落史や、その聞き取りにある部落共同体による「殺牛馬雨乞」の事例を取り上げて、それぞれの地域の市史、村史などを補助史料としながら、その雨乞の歴史と動物供犠雨乞をする事情。そしてその場合、誰が主体で、誰が供犠の実行をするのか、その実行の歴史などを、可能な限り解明してみたい。

二　高谷重夫と寺木伸明が示す近・現代の「動物供犠雨乞」

高谷重夫が『雨乞習俗の研究』で示す近世、近・現代における畿内地域での「殺牛馬雨乞」と、寺木伸明が『近世身分と被差別民の諸相』で示す部落共同体による動物供犠、殺牛馬雨乞が一致するのは次のようだ。まず高谷のものを番号をつけて挙げる。（）は川元。

1、大阪府箕面市。「嘉永六年（一八五三）の大旱にこの地方は水不足に苦しみ（略）雨乞の相談となった」「氏神で神籤を引き（略）大師と出たので東寺へお火を受けに行き（略）七日間の祈祷を務めたが効がなかった」「近辺に葦毛の馬がみつかったという話があり」「十日には早速この馬を買いに行った（略）この馬を箕面山上に曳いて上がり（略）首を刎ね（略）雄滝に漬けた」「これほどにしたのに何の感応もなく、翌日少し曇っただけ」

2、「武庫川の上流の高座岩でも同種の雨乞が行われたことは『有馬郡誌』（上巻）にみえている」。

3、「和歌山県西牟婁郡北富田村の庄川に牛尾谷という滝がある。（略）旱魃には『牛の首漬け』といって、牛の首を切って滝壺の棚の上に置き（略）背後を見ずに逃げ帰る。すると滝の主が汚れを流すために雨を降らすという」（高谷はこれとは別に「雑賀貞次郎『牟婁口碑集』にも同じ話がある」としている。

4、昭和十四年八月三十日の『大阪朝日新聞』に「牛の首で雨乞」の記事がある。兵庫県宝塚市のこと。「この村では雨乞に武庫川の支流惣川の上流に牛の首を投げ入れる風があり（略）豊中市の屠殺場より取り寄せた牛の生首と生血をブリキ罐に入れ（略）約二百人が馬淵に行って雨乞した」。

一方、寺木伸明の『近世身分と被差別民の諸相』によると、ここにあげた四件すべてが近世、近・現代の部落共同体によって行なわれたか、重要な関係があったことがわかる。先の番号を寺木に当てると次のようだ。（）は川元。

〈1の寺木〉「嘉永六（一八五三）年、大阪・箕面地域の村々は、（略）お金を出し合って、萱野郷芝村の『かわた』の人々に葦毛馬を買わせ」「『右の馬箕面山え曳き登り、（略）首を刎ね（略）首を雄滝えつけ候』」だ。馬を曳いた人が北村（皮田）の人だった。

〈2の寺木〉摂津国川辺郡内の一九世紀末ごろの雨乞い。「西宮市の生瀬の奥、武庫川の上流に、屏風岩（高谷は高座岩とする。武庫川上流はいくつかの場所で雨乞いをしたので場所が異なるかも知れない）といって、川岸に大きな岩があります。堀池村（皮田村）から白馬（色が違うが）一頭つれ（略）岩の上で殺し、その岩を血で汚します。そうすると、天が怒り出し（略）けがれた岩をきれいに洗い落すために雨が降るといいます」。

〈3の寺木〉「牟婁郡社川村の山奥に牛屋谷という滝がある。昔から旱魃の時には村民（農民）がここに集って雨を祈る風習がある。しかしあらゆる手段をつくして雨が降らぬ時には牛の首を切って滝壺において（略）後ろも見ずに帰ってくる。この牛の首をつける者が血深（部落共同体）の人々」。（なお、この説明は寺木が渡辺広『未解放部落の史的研究』から引用したものである）。

〈4〉の事例は寺木にないが、『大阪朝日新聞』のいう「豊中市の屠殺場」は部落共同体内にある。

さてこれら一連の一致の中で、最初の大阪・箕面地域の雨乞は、箕面市でも関心が深く、市史などでその歴史、時代的、社会的背景を細かく調査、探求している。寺木はそれらを資料としているが、紙数の都合もあってか、書いている部分はその中の一部だ。本論はできるだけそれらを補充しながら、いくらかでも細かく見ていきたい。

また、その後、高谷、寺木が取り上げてないもので、私が読んだ部落史の近・現代の部落共同体が行なった「殺牛馬雨乞」の中、紙数の関係もあって全部とはいかないが、史料的に典型的で、時代的背景がより明確なものを二件取り上げる。そのうち最初にあげる太平洋戦争敗戦直後の「雨乞見聞録」は、古代神職・ハフリなどに詳しく、いわゆる「神道」に通じた人による実際の見聞録なので、非常に貴重と思われるものだ。最後にあげるものも農村で企画し、部落共同体に「殺牛馬雨乞」を「依頼」するものであるが、部落共同体から「そんなことをしても効き目はない」と断わられるものだ。しかし農民としては「雨乞」の全てをやらないと「村人がおさまらない」と必死に「依頼」を続け、最後に動物供犠ではないもので、合理的要素を持つ「雨乞」を部落共同体の人々が行ない、大成功する例を紹介する。

二節　農村からの「依頼」と部落の「請け」の型

一　江戸時代農民の記録——大阪・箕面の雨乞

大阪・箕面地域では江戸時代末期に農民が「殺牛馬雨乞」を企画し、その実行を部落共同体に「依頼」し、その経過と結果を農民自身が記録している。当事者の記録なので地名、人名、身分などが実証的に書かれており、臨場感とともに多くの史料的価値、客観性を示していると思われる。高谷と寺木が一致した大阪府箕面市のもので嘉永六年（一八五三）の雨乞である。

この時期、箕面地域は大旱魃だった。そのためまずは仏教的雨乞を農民が行なう。しかし効果がなく、最後の手段として「殺牛馬雨乞」を地域の二つの郷村（合計一五ヶ村）で計画し、それを実行するため郷内の部落共同体である北村との「引き合い」（『広辞苑』では商談などの話しあい）のうえで実行される。この計画に最初から参加していた農民の一人、中井保五郎という人物がその成り行きを記録していたのである。次のように始まる。（）は川元意訳。「当丑歳古今未聞大旱魃記録」（当丑年・嘉永六年、いまだ聞いたことのない大旱魃の記録）という題名だ。

しかしこの記録を見る前に、農民たちが行なった仏教的雨乞がどんなものか見ておきたい。これについては寺木も関心を持って書いているのでその内容を先に紹介する。寺木は「村人たちは、六月一一日、一七日に『大池雨乞い』（池の掃除・掃除も雨乞の一つ）し、七月一日に平尾氏神で籤でうかがうと『大師』（弘法大師か？）に当たったので京都・東寺（真言宗）に火をもらいに参詣し、三日の夜から氏神に雨乞い祈願している」（『近世身分と被差別民の諸相』）だ。しかし効き目がなく、次に「殺牛馬雨乞」が計画された。寺木はその雨乞の記録も書いているが概要だけなので、ここでは農民の記録の原文を現代語に訳している『箕面市史・部落史』）から現代語訳を引用する。一言加筆すると、もう一つ「市史」に関する立派な本があり、そこでも中井保五郎の記録の原文と現代語訳が載っているのであるが、なぜかそちらの本では参加者の身分呼称が伏せられているので、私は当時の身分なども知りたいので、それらが書かれている『改定 箕面市史―部落史― 本文編』を引用する（箕面市史改訂版編さん委員会編、一九九九年 以下『箕面市史・部落史』と表記）。引用文中の〈〉内は現代語訳者。（）内は川元。記録は次のようだ。

「雨乞い九日〈嘉永六年・一八五三年九月九日〉結願につき（仏教的雨乞いが終わり、次の手段の相談があるので）、参会いたし候ところ、萱野郷の者（農民）より内々、この節幸い近辺に葦毛馬（白い毛に黒色や褐色の毛が混じった馬）見当たりこれある由、早速急談いたし、萱野郷惣代芝村庄屋十助方にて穢多北村庄七と申すものに、当郷（旧牧之庄四ヶ村。平尾村・西小路村・桜村・牧落村）引き合い人（話し合い役）平尾仲右衛門・義右衛門をもって、先方十一ヶ村（雨乞を依頼するもう一つの郷）と当郷と、入用銀二つ割りにて引き合い詰め、翌十日右穢多しろもの（白物＝白馬か？　代物＝商品その物か？）買い求めに行き候こと、同晩両郷村々より人足一人ずつ差出し、北村（部落共同体）より初夜（新月）のころ、右の馬箕面山え曳き登り、上番家の向かい高き岡にて首を刎ね、胴体は、かやの郷山谷へけ落とし隠し置き、それより首を雄滝（箕面川水源の滝）えつけ候こと。当郷村々より人足、平尾は市右衛門、西小路は武兵衛、牧落は加四平悴、桜は九平。右の馬代金六両二分、仕事雇い者賃金二両、ほかに諸入用銭三貫七百文、右両郷二つ割り。右の通かくまでいたし候えどもなんの感応少しもこれなく、翌十一日ただ少し曇る。ちょっと時雨これあるか。その後も雨はほとんどなく、『誠にこの節にいたり候ては、作もの見殺し、何とも口外へ述べがたき』状態であった」

「殺牛馬雨乞」も効果がなかったのであるが、ここには古代、中世で見てきた「殺牛馬雨乞」の様子と少し異なったところがある。また並木和子が指摘した中世的「型」だけでも足りないものがたくさんある。その一つは、この記録で「殺牛馬」を行なうべき人が「穢多＝北村」と特定されていることだ。しかもそれは「村」として特定される。この特定を先に私は近世の「国家」との間にある「権利と義務」に縛られた「社会的構造」と呼んだが、古代あるいは中世ではこれが多くの場合「ハフリ（祝部・祝）」、または「屠者」「穢多」とされていた。この違いはこの国の「雨乞」の歴史の中で大きな違いと考える。だから、その間に何があったのか、そこに大きな関心を寄せてきたのである。

この違いの発生経緯については、太閤検地以降の「百姓村の分離分断」（俗にいう〈兵農分離〉）にあることを指摘したが、いうなればそれまで「屠者」「皮田」「穢多」などと呼ばれた職能者、分業者が、他の職能者、分業者としての「士・農・工（皮田・革作も含まれていた）・商」とともに分離分断されて「天下・国家」の統制下になる事から、「殺牛馬雨乞」の担当者が個人や一定の職能者ではなく「部落共同体＝皮田・革作＝穢多村」に特定されるようになる。しかもその特定は多くの場合、雨乞を切迫した形で必要とする農民（米作り一つにされたかつての百姓の中の農人）が「殺牛馬雨乞」のため多額の金銭を用意し馬や人足費用など用意し、それを持って部落共同体と「引き合い」＝話し合う、そうした形態になっている。

この形態は、かつて「穢の実検・排除」した検非違使が仏教の「罪業・罪穢」や「延喜式」の「穢忌・触穢」思想でその役務を放棄し「代行」を置いた経緯に直接繋がるのは確かであるが、視点を農民に置くと「雨乞」を直接的に必要としている農民が「殺牛馬」を行なうのではなく、部落共同体と「引き合い」する事態が、その根っこに検非違使が「罪業・罪穢」から逃げるものと同一の価値観が農民側にあるのは間違いないだろう。

この記録によると、北村＝穢多村は萱野郷の四つの農村の中で中心的存在である農村・芝村の「枝村」であり、芝村が「本村」である。近畿は早くから「住み分け」があったので、この形態が続いていたことになる。

また、次に紹介する「雨乞」の「見聞録」でもその「雨乞」について、部落共同体が「此の依頼を受ける」と書いており、これも古代、中世ではなかったことだ。同じように、この後見る兵庫県宍粟郡の「雨乞」でも、雨乞を必要とする農村から部落共同体に「殺牛馬」が「依頼」される形が書かれている。このように「依頼」と「請け」の形がある程度定着していたとしたら、それもまた「百姓村の分離分断」の結果の一つ、部落共同体の「一村独立」の影響といえるし、部落共同体の自立性が一定認められているかに見えるが、しかし先に見た国家との間の「権利と義務」「双務関係」を考えると、それは自立性ではなく、今も否定的な価値観と見られがちな「動物供犠」あるいは「殺生」や、あるいはそれらにまつわる一方的、独善的価値観としての「罪業・罪穢」、あるいは「悪」「穢」に「触れる役」がその村に固定してしまう、いわば「検非違使」の「代行」の強制版ともいえる形態が固定しつつある、そうした形態の序盤――近畿地域はこの時期「住み分け」が固定的になっていた――とも考えられるだろう。つまり「依頼」にしろ「話し合い」にしろ「村」が対象になっていることが特徴だ。この事は、部落共同体に生きる個人からすると、「個の無視」があり、差別の圧力は一層厳しいものになるだろう。

二　太平洋戦争前後の殺牛馬雨乞――見聞録

①「七度半の使い」

この見聞録は、第二次世界大戦の時代に融和運動の一環としてあった「同和奉公会」で活躍した塩谷孝太郎の『部落史論考』（兵庫県社会教育協会）に記されたものである。単行本発行は敗戦間もない一九四九年であり、ＧＨＱ（連合国軍総司令部）の厳しい統制があった時期だ。

そのためと思われるが、「穢多」の字が伏せられ、単に「部落」とされ、地名も伏せられているので見聞した村がどこなのか特定できない欠陥がある。しかし、それが奈良県内であるのは読めばわかることで、現代、奈良県内の部落史を調査、論考している上野茂の『被差別民の精神世界』（明石書店）では、その位置が想定できるところだ。上野は塩谷のこの本について「著者（塩谷・川元）の調査内容が龍田新宮と下之庄（部落共同体・川元）の関係であり、地域的には龍田川や風根（龍田本宮に近い部落共同体・川元）を含んだ法隆寺周辺であることから、同書の雨乞神事の部分は、風根の雨乞神事であると思われる」と書いている。だから推測の手掛かりになるだろう。しかも塩谷本人も同書で、龍田新宮の正月一五日の「皮引ねり」の神事を「実際に就いて視察聴取いたします」とし、祭りの執行について「部落（下之庄・川元）側は水垢離を行ない精進して控え（略）神社側より祭事執行開始致すべき由を伝えて使者が来る」と書き、しかもその使者は、単に通知に来るのではなく、日本の古来から「大切な人を迎える」礼儀としてある「七度半の使い」を持って通知され、儀式が始まる。そうした形態があったことも書かれているのである（『部落史論考』塩谷孝太郎）。

②敗戦直後の「雨乞」見聞録

見聞録に書かれる「殺牛馬雨乞」の正確な時期や場所は明らかでないが、太平洋戦争を挟んだ時期と思われ、それは予想以上に壮大だ。特に注目したいのは、その雨乞が部落共同体単独ではなく、周辺の農村が部落共同体に「依頼」し、依頼した農村の人も行列に多く参加していることだ。

見聞録を見る前に少し説明したい部分がある。書き出しに「各村々」とあるが、これは塩谷が研究者として見聞録を書く前に、主に関西、九州の部落共同体に「殺牛馬雨乞」を行なっているかどうか尋ね、行なっていたらその内容をアンケート形態で質問した「各村々」のことである。それは「摂津（三ヶ所・川元）、大和、播磨、河内、淡路、紀伊、筑前」（前掲書）の村々である。またこれとは別に、雨乞を部落に依頼する農村は「周囲幾ヶ村」と書かれているので読み分けてもらいたい。見聞録は次のようだ。引用文中〈〉内塩谷。（）内は川元。

「各村々に於て周囲の村々の懇願に依って雨乞の祈禱祭文として、部落の者に依って読みあげられる行事は、昭和の御世に入ってからでも、九ヶ所（先の摂津など九ヶ所）の報告を有するので有ります。甚だしき旱魃の際、周囲幾ヶ村かの代表は、部落に来って雨乞祈禱を行なう事を依頼する」（前掲書）として始まる。

こうした依頼によって、この「雨乞」が龍田本宮に近い風根部落の雨乞神事ではないかと想定されるのであるが、それはあくまでも想定の内にある。ともあれ現実の「殺牛馬雨乞」はここから始まるのである。

しかしこの場合も仏教の祈願が先にあり、「仁王経の陀羅尼」が読誦されている。しかし効果がなかったようで、次に動物供犠が行なわれる。塩谷はその動物供犠について、旱魃のときは黒毛牛馬、霖雨止（長雨を止める）は白毛牛馬と書いており、これは「延喜式」の「祈雨神祭八十五座」において定式化されていたものである（『新訂増補 国史大系 交替式・弘仁式・延喜式 前編』「延喜式　巻三」）。こうした定式がしっかり書かれるところからして、塩谷の見聞録と古代の雨乞いの同一性、共通性がうかがえるであろう。もう一つ付け加えると、この見聞録の中で重要な役務として現れる「祭主・祈禱師」は部落共同体の者である。記録は次のように続く。

「此の依頼を受けると、部落内の代表者の家に保管されてある巻物を所属の寺院、又は神社（略）の神前或は仏前に祀り、川の幸、海の幸、山の幸、野の幸、谷の幸、の五種七品を供えて祭主並祈禱師〈総て部落人〉は、祈禱の七日前より水垢離を行ない、而て神前又は仏前の祭壇の前にて、昼夜七日間の祈願を行なう。此の場合の祈願祭文は仁王経の陀羅尼を呪す。而て満願の当日に及ぶと、旱魃の際は黒牛又は馬、霖雨止の際は白牛又は馬の首を切り、是を白木の唐櫃に納めて七五三縄（しめ縄）を張り、八人の者にて交代にて是を舁ぐ」

このあと、記録は「殺牛馬雨乞」の祭壇である「滝壺」へと進む。この行列も部落共同体が主体であるが、依頼した農村の者も大勢参加する。以下は興味深いのでほぼ全文引用する。

「行列次第は、始めに先導役として部落の女房又は娘が、白装束に緋のたすき、花笠をかむる者数名鉦を叩きて進む、次に周囲幾ヶ村より参加の若衆太鼓を叩いて、各々揃いの浴衣に向鉢巻にて是に続く、次に警護とて縄たすき、白鉢巻、足ごしらえ厳重なる部落の若者数十名竹槍をもって祭主の周囲を固む、祭主は白の装束、白の烏帽子狩衣、又は白のかみしもに大小の刀を帯するなど、首より緋の緒に結びたる錦襴の袋に『巻物』を蒔絵の文書箱に納め、さらに桐の二重箱に入れたるを懸けて真中に進む、是に前後して部落内の由緒ある家の戸主等、抜き身の大身槍又は刺叉など持ちて、塗り笠かみしも袴のもゝ立高くとりて従う、此の後より祈禱師同じく白装束赤鉢巻にて、牛頭を納めし唐櫃を舁ぎて続く、是に従いて、又鉦を叩く者、太鼓を叩く者、前後に松明を持つ者、幡帳幟を持つ者など従いて、此の行列長きは一里に近く続く場合もある。

而て最後の祭場たるの場所は、古来より一定の場所にして、部落より遠くは三里又は四里、近くは数十町の処にて、川に臨める独立した巌上え進む。巌上えは祭主と警固と祈禱師が唐櫃を持って登り、他の者は巌下にて鉦や太鼓ではやし立てる。此の岩の名称は、神座岩、龍宮岩、鋒立岩、かまど岩、等と名づけられて如何なる旱魃の際にも水の涸れる事なき深淵に臨んで屹立する岩が古例の第一祭場であります。

巌上えは祭主と警固と祈禱師が唐櫃を持って登り、他の者は巌下に鉦や太鼓ではやし立てる。

祈禱師が唐櫃より牛頭を取り出して、祭主の前に置くと、祭主は錦の袋を開きて、『巻物』を取り出し、祭文を読み上げる。此の時読み上げる巻物が前述の五個の巻物の何れかの品であります。（「八大龍王神記」「河原細工由緒記」「武神祭文」「斎宮神人由われ」。これらは後のものと塩谷はいう（『部落史論考』）。

而て祭主が巻物を開き読み始めると、祈禱師は大勢して血の滴る牛頭を持って巌上えその血を塗り廻り、祭文の読了と共に塗り終ると牛頭を再び唐櫃に納めて、再び元の行列編成となって、其の場所より上流の、是れも場所に依り数十町又は数里逆る渓流の滝壺に到る。此の場所も古来より一定の場所であって、禊滝、御願滝、あまなり滝、鳴滝等の名があって、その滝の落下する許え、祭主は牛頭を捧げ持ちて立ち、祈願をなして滝壺中えその首を投げ込み、此の時行列の一同は祭主を初め皆々後を降り返るを戒めて部落に帰る。斯くて雨乞祈禱を終るのであります。

此処に例をとった地域は、摂津、大和、播磨、河内、淡路、紀伊、筑前の例でありますが、方法次第に幾分の相違はありますが、凡そ大同小異であります」（前掲）。

想像以上に大規模なのだ。この記録について塩谷は最後に「此処に例をとった地域は」として摂津、大和などをあげるが、この文面や、「古来より一定の場所にして、部落より遠くは三里又は四里、近くは数十町の処にて」などの文面があるのを考えると、この記録は特定した一定の場所だけでなく、当時塩谷がアンケートを取った「各村々」の報告が一部入っているのではないか、と思われるところである。

三 「そんなことをしても効果はない」――宍粟郡神戸村雨乞

①「依頼」を断り合理的な雨乞をした人

先の見聞録とほぼ同じ時期一九四五年（昭和二十年）前後に、周囲の農村から雨乞を「頼み込まれ」ながら「そのようなことをして、何の効果があるものか」と再三断ったが、何回も「頼み込まれ」る中で、可能性のある雨乞を調べていたというべきか、農民の依頼を受けることにし、部落内の代表者の家に集まってもらって了解をとり、村人によって実行して大成功する、そうした「雨乞」の記録がある。その雨乞を見ていた少年は当時七歳だったが、関心があって後になっていろいろ調べ、それを回想しながら少年自身が書いた記録がある。その記録を参考に、農民からの「依頼」を「そんなことをしても効果はない」と断りながら、合理的な雨乞に成功する、その様子を見ていく。

なおここにある農村からの「頼み込み」を「依頼」とし、最後にそれを了解する様子を「請け」と表記して進める。

回想録といえる記録であるが、その「雨乞」は、稲田耕一という少年の目で見たものを書いたものであり、その稲田耕一は、一九一七年（大正六）、兵庫県宍粟郡（現・宍粟市）生まれ。父は稲田宇太郎。当時、村の総代をしていた。その父が中心になって行なった雨乞いを稲田少年は一部始終を見ており、後に関連史料など調べながら書いた回想録である。彼は生まれた村に生涯住み、多くの聞き書き、部落史の著書を残している。その中の『聞きがき・部落の生活史2　極貧の村のくらし』（部落問題研究所、以下『生活史2』と表記する）に父たちが行なった雨乞が書かれている。その奥書（おくがき）では「宍粟郡神戸村（現一宮町）島田」と紹介され「約百世帯の未解放部落」と書かれている。

稲田耕一が生涯を過ごした村は、子どものころは宍粟郡神戸村島田だったが、この地域の住所表示は度々変わっていて、現在の一宮町になるのは一九五六年（昭和三一）に周囲三町村が合併してからだ。それまで島田村は「宍粟郡神戸村島田」だった。この後の考察でこれらの地名が説明なく出てくるので先に書いておく。

稲田耕一はその雨乞について次のように書き始める。「私の村がまだランプを使っていたある夏」「道路から家の中まで村の人が何十人となく集まり（略）父がその人達に『皆様今日はご苦労さんでございます。私も後ほどのぼりますから……』といった」（『生活史2』）。これは雨乞の行列が村から出発する様子だった。

しかしここにいたるまで、村の総代としての父と周辺の農民との間に「依頼」と「請け」のさまざまな話し合いがあった。彼はその様子について、農民の代表が「毎日のように村に来て、何とか、『雨祈』をしてくれと頼みこまれた」「父は、この村が何百年の昔から『雨祈』をする村であることを、古い人から聞いて知っていた」。しかし「言い伝えのようなことをして、何の効果があるものかと思い、再三断った」それでも農民は「このままでは干ばつで大飢饉になって、餓死するものが出てくるかもわからん。稲田君、誠にご苦労だが、ひとつ骨折りを頼む」（前掲）と「依頼」してきたと書く。

こうした話は、当時の稲田少年にはほとんど意味のわからないことだったようだ。しかし彼は少し成長した後、農民が「依頼」した「雨祈」がどんなものか関心をもち、村の寺にあった史料などを見ることで知識を深める。その雨乞について彼は「村の寺に昔の『雨祈』の仕方をかいた古文書があり、難解であったが、何とか読んでみると、いろいろ呪文があり、祈禱文を読み上げた上で、揖保川で一番深い淵として有名な高岨の岩（島田村内の最南端）の上から、真夜中の二時ころ、牛の頭を投げ込み、後ろを見ずに帰るということが、書かれてあった」（前掲）。

この揖保川は島田村の西を流れる一級河川。今は「揖保のそうめん」で知られる大川。宍粟地域の北から流れるこの急流が島田村の西部で岸壁にぶつかり東に曲がったところが「高岨の岩」だ。深い淵となっている。この淵に夜中の二時に牛の頭を投げ込むのが「雨祈」である。

稲田はこの「雨祈」の行事について「千五百年も昔の朝鮮の新羅時代にこの国に伝わった」（『生活史2』）と書かれているのも丁寧に読みとっている。

この古文書にある「雨祈」と、父・宇太郎が認識していた「何百年の昔からの『雨祈』」は同じと考えてよいだろう。そしてそれがこれまで見てきた「殺牛馬雨乞」と同じであるのも異議ないと思う。古文書には外来説も書かれており、そうした外来説も現代多くの研究者が論議していることであり、そのこと自体、この国、地域に定着している伝説なのがわかってくる。

そうした伝説、伝承を知りながら、父・宇太郎はその効果を信じることができなくて農民の「依頼」を断っていた。しかし農民の困窮も目に見えるものであり、断りながらも多くの人に、とんな雨乞があるか、など相談していたのではないかと思う。そして、そうした中で一つの案が生まれていたのではないだろうか。それは、近くの高い山の頂上で大きな焚き火をし、上昇気流をつくって雨雲を集める、というもの。こうした「雨乞」があるのを知り、これを村人に相談し了解を得て実行したのが冒頭に引用した「村の人が何十人となく集まり」と稲田少年が書き、やがて「殺牛馬雨乞」とは思えない雨乞いの行列が出発するまでの様子ではないか。

稲田耕一は続けて次のように書く。「村人や父が登った山の方を眺めていると、『稲春の峰』の頂上で煙が立ちはじめ（略）恐ろしいような火が空中に上りはじめた」。その後、村人は消防団を残して山を下りてくる。そのころ「どういうわけか、ぽつりぽつりと降り始めた。父は神棚に灯をともし一生懸命なにやら祈っていた。その内、雨足が早くなり、稲妻とともに、がらがら雷が鳴りだし、土砂降りの雨が降りだした」（『生活史2』）だ。

山頂で上昇気流をつくって雨雲を集める雨乞いは結構古くからあり、「千駄焚き」と呼ばれていた。不合理な「雨乞」が多い中、この雨乞は一定程度合理性を持つが、それも山上の気流次第であり、降ったとしても必要な雨が降るかどうかは偶然の要素が強いものだ。

とはいえ、稲田少年が見ていた雨乞いはこのようにして成功した。それはそれでよかったのであるが、やはり疑問が残るのは、まわりの農民がなぜ島田村に「依頼」したのか、ということだ。

② 「聖地」島田の祭礼

稲田少年は寺の古文書によって村に伝わる「殺牛馬雨乞」を知ったが、現実を見たわけではない。また、父・宇太郎にしても「何百年の昔からの雨祈の伝承を認識していた」とはいえ、その実像を見ていたわけではない。そうした状況の中で稲田少年は、寺の古文書に書かれる「雨祈」がどんなものか実像を知ろうとしていた。彼が成長したあと、父が調査・研究しながら書いていた神社や神職に関する未完の書物を、父の遺志を継ぐかたちで彼自身で完成させた『二百足の草鞋』（播磨国神社縁起研究会）という本がある。その本では、高岨の岩だけでなく、その岸壁の上流にあり、稲田が「島田の川の岩々」という「三つの岩」があり、そこで行なわれていた祭礼を父が詳しく調べて書き残していた。
「川（揖保川）の南西（島田村の村内）にカンコ岩と名付ける岩盤があり、北西にイザ岩と呼ぶ岩盤が西の山から大きく乗り出すように揖保川へせり出している。このカンコ、イザ岩を底辺にして三角の上の頂点と思われる所に大神石と言い伝える岩が東にある。大昔からの伝承として、私の村の人たちはこの三つの岩を神聖なる岩として崇めており、各岩は御祭りをする場所であった。（略）五穀豊穣を神に祈る、旱天をうれいて雨乞を神に行なう。（略）島田とは古代その神地であったという」だ（『二百足の草鞋』）（前掲）。ここでいう「五穀豊穣」や「雨乞」は、単に島田村のために行われたとは考えられない事柄だろう。地域一帯が対象なのは疑いないところだ。高岨の岩の「殺牛馬雨乞」にしても同じであって、「昭和」になって周囲の農民が雨乞いを島田村に「依頼」する根拠も、こうしたところにあると考えてよいだろう。

七六四年。称徳天皇が「殺生禁断」を詔したとき、「但し神戸についてはこの限りでない」（『読日本紀（中）』宇治谷孟）とする一言が最後についていたのを思い出してもらいたい。その時の「神戸」の一部が、稲田少年が住んでいる合併以前の「宍粟郡神戸村（現一宮町）島田」のことであり、「島田」を「小字」とすれば「大字」が「宍粟郡神戸村」である。後でだんだん分村して「五つの小字」になるが、「島田はいつもその中の一つで、「神戸」の一つだった。つまり、この大字全体が「神戸村」であり、皇極天皇の頃の「殺牛馬＝動物供犠」を「神事」として行なった神職としての「神戸＝ハフリ・祝部」の村と同じである可能性は高い。

ここでいわれるこの称徳天皇の「詔」で、動物供犠が許される「神戸」は、先に紹介した中世史の脇田晴子が中世的差別の特徴をまとめて「差別された職業には（略）屠殺、葬送、巫覡、傀儡子など（略）これは原始・古代における呪術的信仰と不可分なもので、祭祀者的な位置にあった職掌（神職を意味する・川元）である。（略）仏教の殺生禁断思想や、陰陽道の触穢思想が、大陸から輸入されるに及んで、葬送や屠殺に従事することが忌避されるようになった」（『部落の歴史と解放運動　前近代篇』）と指摘したのと同義で、仏教伝来以後差別されるようになったのである。

前にも少し説明したが、「神戸」は、脇田晴子が指摘した仏教伝来以前からの「「呪術的信仰」（狩猟文化などで）の神職としてのハフリの一部であり、朝廷が漢字で祝、祝部〈祝の上級〉と書いた人々の「母体」であり、当時の神社の経済・生活を維持するための「神戸百姓」でもあった（『新訂増補国史大系　令義解』）。

③　「神戸村」の全体と稲田少年の島田村の特徴

稲田耕一は先に見た「三つの岩」の祭りについて、いろいろな角度で調べ、知ろうとしているのであるが、そうした関心の中で、自分の村の「聖地」「神地」という場所で祭りを司る「祭主」あるいはその時の「神職」などがどんな人だったのか、おぼろげながら浮かび上がらせている。それは次のようだ。

カンコ、イザ岩、大神石が並ぶ島田村の北部とは違って、その反対側の南部に、東西に横たわる山峰があり、その一部が「御山古墳群」と呼ばれ、その西部の岸壁を「いなみ岩」と呼んでいた。古代はこの岩の山上に「神が宿る」と考えられており、先に述べた揖保川の「三つの岩」の祭礼の時は、ここから「神が降りてくる」との伝説があった。稲田はこの伝説をも入れて、「三つの岩」の祭りに関する聞き取りを進め、次のように書いている。

「大神石（揖保川の岩・川元）には新らしい注連縄がかけられ、水をそそいで清浄にしてある。神戸の村の神請人たちはカンコ岩の所に集り供物の用意をする。供物の者は捧げ物を持ってイザ岩の所へ行き大神石に向って供物をならべる。供物が終ると神と人の中を取り持つ人、即ち神官がイザ岩の所へ進み、呪文を唱え祈りを捧げる。そして神の告なりと唱する言葉を人々に伝え神事は終る」（『二百足の草鞋』）。稲田はこれらの岩を霊場、神地というのであるが、ここにいう「神戸の村の神請人」「神と人の中を取り持つ人、即ち神官」とは何者だろうか。

この疑問を解くには、稲田少年が住む島田村が「神戸村島田」と呼ばれていたことを考えるとむずかしくはない。「神戸の村の神請人」はいうまでもなくそのまま「神戸村」の人だ。しかも「祝部・祝・ハフリは神戸の内」とするのは、この国の旧い神事では常識的にいわれ、書かれてもいる（『新訂増補 国史大系 令義解』）。

七六四年に「殺生禁断令」を布告した称徳天皇が、「但し神戸についてはこの限りでない」（読日本紀（中）』）。としたが、この言葉は「神戸」が動物供犠を行ない、それが許されていた時期があったのを示すことでもあろう。そして、稲田耕一がいう「神戸の村の神請人」とは、こうした時期にある「神戸」と考える以外にないと思われる。

とはいえこれまで「宍粟郡神戸村島田」を中心に見てきたが、この島田村は「小字」であり、本来「宍粟郡大字神戸村」の中の一つの「小字島田村」であって、「大字」としての神戸村にはほかに四つの「小字」があり全部で五つの「小字」で成り立っていた。島田村の他に東市場、須行名、伊和、安黒がある。これら五つの小字によって大字の神戸村が構成されている。この五つの村が、太閤検地後の「百姓村の分離分断」（「兵農・農商分離）によって切り離された後、小字の一つ島田が「皮田」と呼ばれ「穢多」村とも呼ばれ、他の「神戸村」四村は「平民」「農民」「農村」となる。このときの分離分断の構造が近・現代としての「昭和」に続いているのである。「分離分断」前の、「小字・島田」の中にある「霊場・神地」の祭礼を考えると、「旧・大字・神戸村（五つの小字の四村・川元）」の農民が「旧小字・神戸村島田」＝「穢多」村に「雨乞」を「依頼」する構図や根拠が見えてくる。先述の小字・島田村のカンコ、イザ岩、大神石の「三つの岩」の祭礼を前提にすれば、そこで「動物供犠」が許された「神戸」が、その後も

「屠者」「供犠」を続けることで「穢多」と呼ばれるようになった可能性は高い。渡辺廣は『未解放部落の史的研究』（吉川弘文館）の中で「歴史の古い部落に神人がおり神社の祭礼を担った」と指摘している。そして、紀州の例として「下級神人に類するもの」がおり「都賀郡中野々村皮田には野上八幡宮の祭礼に先払いしたという伝承がある。従って歴史の古い部落と思われる」「寺社の隷属民（神人のこと・ハフリが神戸になり、神人とも呼ばれた・川元）純粋封建制（江戸時代・川元）の確立の中で、穢多及び雑種賤民として再編成されたのではなかろうか。この場合屠者的性格の顕著なものは、穢多として取り扱われた」（『未解放部落の史的研究』）（傍線・川元）のである。

しかしここに現れる「神人」については、「神戸」あるいはその「神戸」を母体にうまれてくる「ハフリ・祝」などとの関係について少し説明が必要かも知れない。そこにはつぎのような関連があったのである。

本論で、俗に「ハフリ禁止令」といわれる「禁断兩京巫覡事」が八〇七年平城天皇の「詔」として発せられたのを見て、多くの「ハフリ」特に女性「ハフリ」が神社での勤務を失い「歩き巫女」として「賤民化」「道の者」として生き、男「ハフリ」もにわかに「僧」の形をして、世間で「毛坊主」といわれながら生きたと書いたが、政治的中央の朝廷儀式でもハフリ・祝・祝部が盛んに活躍している神事があったものの、そこでも、一部ではハフリの名が消えていく傾向があって、「巫覡禁止令」の影響は各地に及んでいたと思われる。しかし一方で、「巫覡禁止令」に関連するかどうか今のところ私には判断できないものの、平安時代末期には各地で、朝廷が公式には認めていない「神人（じにん）」と呼ばれる神職が増えて、活躍する傾向があったという。「荘園公領制」の二重権力が生んだ情況かと思われるところもあり、そのような世情の中、朝廷は彼ら「神人」を「准官人」として公認する方向に出た。背景には、律令制度神祇の弱体化があると言われる。

一一五六年の後白河天皇による「保元新制」の中で、朝廷はこの「神人」を朝廷内の神祇官・神職として認め、律令制神祇官組織を拡充しようとしたのである。それを「神人位記」という。これによって「神人」は職の安定だけでなく自由な交通などの諸権利を得ることとなる。

この「神人位記」について山本信吉は「神人の成立」という論文において「禰宜・祝らの神職は神権（神の加護・川元）をもたらし（略）神事奉仕人としての特性を利して、神人という一般行政の枠外あつかいの身分を獲得した」（『神主と神人の社会史』思文閣）とする。つまり、すでに「ハフリ・祝・禰宜」などの位置にいる者も「禁断両京巫覡事」の対象にならないうちに、「神人位記」を取っておく傾向もあったといえる情況をも感じさせるものだ。

しかしこの「神人位記」は荘園の領主や、その中の神社にも利用され、「神人」の称号を得た者の自由な権益は、朝廷神祇の範囲にとどまらず、さまざまな職業集団の「神人」を生みだし、さらに荘園の経済的活動に利用され、結局律令制の崩壊を早めたとされる（前掲書）。

渡辺廣が示す「神人」とは、このような情況下にある「神人」であり、彼らが「ハフリ・祝・祝部」として動物供犠を担当し、「屠者」であった可能性は非常に高いものであり、私は渡辺のこの指摘は当たっていると思っている。

そしてまた、こうした歴史家の見解を参考にすると、「大字神戸村」の小字の「島田」が、その「屠者」を続けた人たちであり、同時に「神戸」として神社の経営のために働き、その中から選ばれて「ハフリ」となり神職として勤めた人だと考えるのは極自然ではないか。ちなみに、「ハフリ・祝」が欠落した場合「国司が神戸の中より選ぶ」は令制時代の慣例として知られているところなのだ（『新訂増補　国史大系　令義解』吉川弘文館）。そして、そうした歴史を内部に持ち、そのような歴史が共有された伝承、伝統、あるいは地域が、少なくとも「動物供犠」の一定の経験を持つために、「殺牛馬雨乞」の「依頼」が、当然のように起こる。つまりそうした前史が民衆の中にあり、そうした現象を起こしている。そのように考えるのが、一定の筋道であり、一定の根拠、あるいは社会的形態であり、神戸村島田もその一つと考えるのが妥当だろう。

三節 「殺生禁断」による天候支配は国家の間違い

以上、私が読んできた近・現代に繋がる部落共同体が行なった二つの「殺牛馬雨乞」と、農民が記録した箕面地域の「殺牛馬雨乞」を見てきたが、その中で目につく特徴を考えると、「雨乞」を必要とする農民が——部落共同体も農業をしていたので無関係ではない——部落共同体に「雨乞」を依頼する形態が明確であり、しかもその「依頼」は全て「動物供犠雨乞」であり、「殺牛馬雨乞」なのだ。幕府からの、いわゆる制度として、特に社寺を通して「不殺生戒」「殺生禁断」を厳守すべき「雨乞の願望」が広く浸透している時期ではあるが、実際には、民間の伝統的「雨乞」として、「動物供犠」が続いていたことがわかる事例ではある。こうした事例でいえば、農民、一般大衆は一定程度「穢」を避けていたとはいえ、自分たちの生死の問題になると、仏教からは「悪」「罪業・罪穢」といわれる「動物供犠」「殺牛馬雨乞」を積極的に求め、実際にそれを行なってきたことがよくわかるのである。

民間でそうした事例が見られる中、だからこそここでは、なぜそうなのか、当面、「農民」の「依頼」と「部落共同体」の「請け」は何を意味するのか、考えなくてはならないだろう。

もっとも、これまで本論の記述で、ここにある「依頼」と「請け」の答えはすでに書いてきた。先にもいったが、「村」を単位にした差別が成立した後——近畿地域では中世期には「住み分け」

が始まっており、同じ意味がそこにあったであろうが――民衆の中の伝統的な「雨乞」として、「動物供犠をする村」、つまりかつての「村落共同体内」の「屠者」「屠児」たちが別の一つの村を形成しているのであって、そこには他の村との境界線も成立しており、その中のある一つの村が「穢」に触れても、その境界線の外は関係ない、そうした発想が生まれていた、と考えられる。「その村に生まれたらみな穢」という発想と同次元の思想でもあるだろう。

つまり「穢に触れる者」あるいは「穢を扱う者」が境界線を隔てて存在し、レッテル貼りされる。そうした社会的構造が「百姓村の分離分断」の後、国家との「権利と義務」＝「双務関係」の成立も含め、いわば制度的に浸透し、江戸時代の初期、または半ばころから広く実態的に活用されるようになったと考えられる。しかもその「境界線」の「排他的・排除的」利用は、民間から始まったのではなく、先に述べたように、徳川家康・家光が一六〇四年、日本橋を基点とする東海道・東山道・北陸道を整備。街道の距離を目視する「一里塚」を改修。この時新しく制度として「その里数は屠児の住地を除いて計る」(『編年部落差別史料集成　第六巻』)とし、「分離分断」による先の境界線を国家権力として利用したのが始まりであり、境界線を挟んだ「村」を対象にした差別が社会構造的に浮上したといえるものとなるだろう。

そして、この社会的構造差別は、現代的部落差別の「骨格」とさえいえるものと私は考える。つまり「差別の原因」や、その「理由」、正当であるか否かの歴史など一切考えなくても、「あの村」

といえばマイナスイメージとしての「何か」が人々に伝わる。そしてそのマイナスイメージは、ある一定の歴史的範囲の内において、誰もが勝手に何かを選びイメージ化してしまう、そうした構造として「成長」していることだ。

このような差別を「構造的差別」と私はいうが、そこには奈良時代の諸天皇が「天候支配」の「願望」を持って「不殺生戒」「殺生禁断」を詔し、「延喜式」で家畜の殺生を「穢忌」「蝕穢」と規定し、天皇と国家機関から「穢」を排除し、「穢」に触れることも禁じてきた。そのため「延喜式」施行以後になると、国家機関の「掃除役」「キヨメ役」として働いていた検非違使が「天候異変」の中にあると思われた「祟」の、その中の「穢」を「実検・排除」する役務を止めて、その役務を直接行なう人を、国家機関に関係ないと一方的・独善的に考えられた「河原者」「非人」などに「代行」させる行為などが発生し、その基軸の思想的要素として仏教の「不殺生戒」、その政治用語としての「殺生禁断」と、その戒律、禁制を破ることで発生すると決めつけられる「悪」「罪業・罪穢」の価値観によって、さまざまないろあいのマイナスイメージが生まれ、活用された。

しかしこれらマイナスイメージを持った仏教の思想的要素は、日本独特の「神仏習合政治」に起因する要素が強く、しかもその政治は「殺生禁断」を主張しながら、一方で人民への税として、「殺生」しなければ得られない牛や馬などの「皮革」を課税し、主に皮革でつくる「武具」の一つ「甲冑」などは「鉄ではなく革で作るよう」命じているのである（『読日本紀　下』）。

こうした仏教の「不殺生戒」、その政治用語としての「殺生禁断」の実情を見ていると、仏教がいう「罪業・罪穢」をはじめ「悪」「穢」として排斥された価値観、あるいはその戒律を守ることで「天候不順」を蘇生して「好天」にするなど、まったくの幻想であり、妄想でしかない、根拠のない主張をしてきたこの国の権力、国家、神仏習合政治とはいえ、常にそのトップに座りつづけた天皇の責任も含めて、国家の天候支配の願望が「妄想」を生みマイナスイメージだけを世に残してきた国家の責任を明確にすることが、解決困難になっている部落差別を解消する最も確実で、より明解な手段であると考える。

終章　まとめ

一節　科学的思考と「妄想」「虚像」の闘い

一　マイナスイメージの脱却

こうした歴史とその現状を克服するには、「その村」を構成している人々へのマイナスイメージ、つまり偏見を克服しなくてはならない。そして同時にそれは、その偏見を克服するために、「偏見」そのものがどんなもので、何が原因で発生したかをしっかり認識しなくてはならない。そうでないと、何を克服すべきか、何をどのように是正すべきかわからなくなるからだ。

本論は「そのためにそれを解明している」のであるが、古代からの国家による天候支配の国家・天皇の「願望」、その思想的基軸にあった仏教の「不殺生戒」の戒律と、政治用語としての「殺生禁断」と、それを破ると発生するといわれる「一方的・独善的」教説、または価値観としての仏教の「罪業・罪穢」、「悪」「穢」など、人も含めて地球上の動植物全てが生存の基盤としている「類的存在」や、その中心で全ての動植物の「生と死」のバランスをとる「食物連鎖」を何の根拠もなく否定する論理・思想がそこにあり、自然科学を一切無視した思い上がりと、非普遍性の思い上がり、思想が存在するのだ。しかもそうした思想を政治利用した「神仏習合政治」では、その「一方的・独善的」価値観、思想を国家・天皇の威光を高めるために活用、さらには天皇やその周辺を「危機」「穢」から守る特別機関として検非違使が設営されて「穢の実検・排除」の役務を担うことになったものの、その役務は「穢」に直接触れることになり、それでは「穢」が国家機関、ならびに天皇にまで「触穢」すると判断し、その部分の「触穢」を避けるため、検非違使そのものがその役務を止めて、天皇、国家機関とは直接関連のない、いわば遠い存在の「河原者」「非人」「ハンセン病者」などにその役務を「代行」させ、「触穢思想」によって、その「代行者」を「排除」「差別」の対象にしたのである。

ここにある「触穢思想」にしても、本論でたくさんの事例を見てきたことを含め、その「伝染」はほとんど幻想・妄想なのである。人や動物の「死」が伝染することはほぼありえない。しかし死因が「伝染病」の場合、それは「伝染」する。その例を持って「触穢思想」が生まれた、とする見解もあるが、日本ではそうした説も、科学的に考察されるのではなく、仏教が「一方的・独善的」に決めつける場合が多かった。例えば次のようだ。

『法華経』の中の「普賢菩薩勧発品」では、法華経を受持する者を軽んじたり誹謗することを「罪」「過悪（あやまり）」とし、そうした言説への応報ともいえる事態が説かれる。その部分をサンスクリット語の日本語訳を引用すると「このように最高の経典を護持する僧たちを迷わす者たちは、生まれながらの盲目となるであろう。また、（略）このように最高の経典を書写する人々を嘲笑したり怒鳴りつけたりする者たちは、歯が折れたり、歯が抜けたりするであろう。また、忌わしい唇を持つようになるであろうし、低い鼻の持主となるであろう。また、手足が逆となり、眼が逆さとなるであろう。また、身体が悪臭を放ち、身体は水泡や腫物や痂に被われ、癩病や疥癬に罹るであろう」(『法華経』岩波文庫 下)。

こうした仏説によってハンセン病は「先祖の仏説批判、もしくは悪業によるもの」とされ、「不治の病」ともいわれようになったのである。

山本俊一の『増補 日本らい史』(東京大学出版会)はこうした仏説を取り上げ、「その後、この因果応報思想は医書にまで採用されるにいたった」とし、その後の医学界の動きについて明治三四年(一九〇一)の日本皮膚科学会第一総会でのハンセン病に関する報告を紹介する。

「我日本は如何でありますか。少数の専門学者を除いては本病に関する一般の考えは極めて幼稚です。患者の多数は、之が治療法を医術に求めずして、宗教上の迷信に求めております」としている。

こうしたハンセン病者の状況、それを作り出した仏教の非科学性、一方的・独善的な様子は、部落差別の原因の原点として見てきた「悪」「罪業・罪穢」「穢」と同じレベルであり、同質といえるだろう。もちろん、ハンセン病者の病気の症状や生活と、部落共同体の中にあって「その村に生まれただけで、「生まれながらの穢れ」などいわれ結婚や就職に支障をもたらす部落差別の実態、その差別を受けながらの生活とでは、比較の基準さえ見つけるのが難しいほどに異なったものと思うが、しかし両者には、はっきりとした共通な差別の歴史がある。例えば、部落差別を職業的に「革作」の職業に絞るなら、両者の間に同じ「穢」としての差別が生まれる。対象が同じ「穢」と見られるからだ。

一二世紀初頭に書かれた『今昔物語集』には、癩病にかかったある僧が「穢ナムトテ寄ラシメズ」と同居を拒否され、清水坂の庵に住んだ話がある。この清水坂の庵は、清水坂の「坂非人」が集住する場であり『部落問題事典』（解放出版社）は「坂ノ者」として「清水坂下珍皇寺は古代国家の施米場であった」とする。

この話はハンセン病者が「別居」「隔離」された話であるが、同時にまたハンセン病が伝染することも書かれている。こうした例は先の『法華経』に書かれた「このように最高の経典を護持する僧たちを迷わす者たちは、生まれながらの盲目となる（略）歯が折れたり、歯が抜けたりするであろう。また、忌わしい唇を持つようになるであろうし、低い鼻の持主となるであろう。また、手足が逆となり、眼が逆さとなるであろう。また、身体が悪臭を放ち、身体は水泡や腫物や痂に被われ、癩病や疥癬に罹るであろう」とは必ずしも一致してないもので、その違いに科学的思考が加わって良いところであるが、そうした発想は無視されて、「別居」「隔離」が優先されたものであり、そこにも仏教の「一方的・独善的思想」が存在するのであり、部落差別との共通性を持っている。

また先に見た、ハンセン病者の僧の例でわかるように、ハンセン病者は「穢」と見られ、「非人」扱いされたことはよく知られることで、近世社会まででは、地域社会でのその「別居」「隔離」はほぼすべて部落共同体の中、あるいはその地域であり、その居住地＝共同体は、ほぼ部落共同体の支配下にあったのである。

一方世界では、ハンセン病への病理的、科学的取り組みは早くから始まっていた。キリスト教圏などは、宗教活動と共に科学的発想、中でも自然科学などの解明が続いていたのはよく知られているのではなかろうか。

二　「殺生禁断」による「天候支配」を反省、訂正する

ところで本論は「部落差別の原因」を探るため、古代から近・現代までその歴史をたどってきた。そしてその原因の基軸に、世界の王が自らの権威のために「願望」した「王・国家による天候支配」がこの国でも行なわれ、しかもこの国では王・天皇が独自に仏教を取り込み、神仏習合政治の一環としてそれが行なわれたのである。そしてその場合の主要なる思想・手法が仏教の「不殺生戒」、その政治用語としての「殺生禁断」であり、それら戒律と禁断を破ることで「咎」「悪」「穢」が発生し、天候異変も何かの「祟」と混同されて、「国家による天候支配」

のために、やがてその「祟の廃除」が目的になり、その中での「死者」「葬儀」「殺生」など「穢」があれば、国家機関による「穢れの実検・排除」が行なわれたのである。

日本におけるその国家機関とは天皇直属の危機管理機構、検非違使であったが、その検非違使は九六七年施行された「延喜式」で穢れを避ける「穢忌」「触穢」が規定され（『新訂増補国史大系　交替式・弘仁式・延喜式前編』）、国家・天皇が「穢に触れてはならない」という思想から、検非違使そのものが「穢」に触れる「穢れの排除」を止めてしまい、それでも国家による「天候支配」を止めることができないので、国家から一番遠い存在と考えられていた「河原者」「非人」「カタイ（ハンセン病者）」などに「代行」させたのである。つまり「代行」に「穢」を背負わせ、検非違使が逃げた「穢忌」「触穢」思想で「代行者」を「排除」「差別」し、犠牲にしたのである。

「穢」が国家・天皇に触れてはならないとは、一般論としてよく聞くが、「不殺生戒」――特に家畜の屠殺、肉食――や「肉食禁止」はこの国では天武天皇が初めて「詔」したもので、その「詔」が「一切経」の「金光明経最終巻」によるものなのも、『日本書紀』の天武天皇条で明らかにしてきた（前掲書）。

そしてその思想は鎌倉時代、江戸時代になっても仏教の「不殺生戒」「殺生禁断」を中心にしながら、「仁王経」や「仏説・大雲請雨経」などの、脅迫的教説や、中国の民間信仰をつかった教説によって「天候支配」をしようとしてきたのである。しかも鎌倉時代の「元寇」に見られたような現象もあって、偶然起こった台風を「神風」とし、そのあとの日本史を、ハンセン病を科学的に見られなかったのと同じく歪めてしまい、多くの若者の命を無意味に捨ててしまったのである。

これらの歴史、現象に見られる仏教の思想、価値観は、「天候支配」においてそこに偶然の一致があっただろうとはいえ、現実と一致することはなく、戒律を破ることでいわれる「悪」「咎」「罪業・罪穢」も仏教の一方的・独善的価値観なのは本論でたびたび指摘し、私はそれら全体を「虚像の国家イデオロギー」と呼んできた。

つまり、国家・天皇は古代神仏習合政治以来、その「願望」であった「天候支配」において、その手法の上で「誤り」を続けてきた。その「誤り」は、現代気象庁が行なう天気予報、気象注意報など考えればすぐわかる。毎年秋になると日本列島を襲う台風にしても、「不殺生戒」を守る「善行」で止める事はできない。旱魃が続いても、それを人工的に止めることはできない。私がこれらの現象、現実を単に「妄想・虚像・幻想」と呼ぶだけでなく、「虚像のイデオロギー」と呼ぶのは、その天候支配の間違いを考察するのではなく、そうした調査、反省や、自然への謙虚な姿勢を失い、考察もなく、仏教の古代からの古い論説を繰り返すだけで、その虚像の犠牲者を「排除」と「差別」によって千年以上の間見捨ててきたのである。その国家的姿勢を根本的に反省し、その反省を表明しつつ立て直す必要があるのは今や誰の目にも明らかだ。

三　原因と現状の調査と科学的精神を

以上のような内容を持つ「国家による天候支配」が「虚像の国家イデオロギー」であったことを指摘してきたが、その虚像が維持され国家的に続いてきたことがわかったと思う。そして同時にそのような中身のない妄想、虚像、そしてその国家イデオロギーが「部落差別の原因」であることも、しっかり把握できたと思うのである。

その事で同時に、古代からの神仏習合政治の中での国家の天候支配に「誤り」があったことがわかるはずだ。この「誤り」を早く反省し、科学的要素を持って、より正確な「天気予報」をすべきである。

そしてしかも、そうした現状にあるにもかかわらず、ここに一つの大きな欠落があることに気づく。「天候支配」が科学的な「天気予報」に変わったとはいえ、そしてその上、肉食文化は、今や世界中の人々とともに、旺盛で、健康にも良いことが知られ、美しくおいしい料理が世界の商店街に並んでいるというのに、そしてそこに日本人が、世界中の人々を凌いで多く押しかけ、美しく、美味しく食べているというのに、一方で、「屠者」「屠場労働者」は今でも差別に苦しんでいる。この一千年以上の間、「動物供犠」の神職として、あるいは、検非違使の「代行」

として、偏見を持たれ差別され国家の誤った政治の犠牲となってきた人々がいるのをどのように救済するのか。どのように正常なものにしていくのか、いまも大きな課題なのだ。その差別の原因を作った古今の国家は、これを知っているのか。知らないのなら証拠を持って教えるから、その解決策を考えるのが国家の責務なのではないか――。

二節　「解放令＝賤称廃止令」はなぜ失敗したか――現状と新法

一　部落問題の深層から見る

一八七一年（明治四年）に明治政府太政官が発布した、部落差別を解消しようとする、俗にいう「解放令」は、本格的な部落差別廃止条例になっていないので研究者の間では、「賤称廃止令」とする声が強い。私もそう思うが、「解放令」の中に、一部積極的と思われる一面もあったので、私は両者を合わせて本論で「解放令＝賤称廃止令」と表記してきた。そして、その上で、その「解放令＝賤称廃止令」はなぜ部落差別を解消できなかったのかを考え、現代部落共同体の人々が受け入れられる「部落差別解消」とは何か、「解放」とは何かを考えたい。

一八七一年（明治四年）、明治政府太政官から発布された「解放令」は次のようだ。

「穢多・非人等の称を廃して之を民籍に編入し、身分・職業共に平民と同じからしむ、又地方官に令してその地租等罷免（いわゆる斃牛馬処理・皮革生産のために戦国大名などから与えられた免税の土地＝除地・川元）慣例あらば、之れが改正の方法を具して大蔵省に稟中（指示を受ける・川元）せしむ、これより先、戸籍頭田中光顕、穢多・非人等の別を除かんことを建議す」（『明治天皇紀　第二』宮内庁・吉川弘文館）。

この条文についてはすでに多くの評価が下されている。冒頭で「穢多・非人等の称を廃し」としているが、現実の差別の実態は部落の民の生活、その社会的関係など、社会構造に深く食い込まれていたので、その真相・深層——本論の趣旨はそこに深入りすること——に届く言葉がこの布告に欠けているなどから、単なる「賤称廃止令」にとどまっている、とする声は多かった。私も、この布告を発案、文章化した明治政府、その高官たちは、部落差別の深層・真相を調査したり、研究して書いたものではないだろうと考えた。とはいえ、この布告の中に「職業」を明記し「之を民籍に編入し、身分・職業共に平民と同じからしむ」としているのは、「屠者」「屠児」「餌取」などが仏教の「不殺生戒」によって差別・偏見の対象になってきたことから、表面的ではあろうが、その指摘はかなりの部分で当たっており、かなり具体的かつ現実的な成果を期待し、これらの言葉に一定の評価をしたいと思っていた。しかし、残念ながらその期待はほとんど満たされることはなかったといえるだろう。

それどころか、この部落差別について、その原因というものが古代からの神仏習合政治と、その思想的根幹が、仏教の「不殺生戒」、政治用語としての「殺生禁断」にあり、しかもその思想がこの日本で、世界の王や君主がシャーマンとして行なった「天候支配」の思想的基軸と同様に利用され、その思想の裏側にある、つまり仏教の「不殺生戒」「殺生禁断」を「破った者」に対して「一方的・独善的」にレッテル貼りされる「悪」や「穢」「罪業・罪穢」があり、しかも国家は「不殺生戒」「殺生禁断」を破らないと生産できない皮革を、国家が必要とする武具のために税として地域社会に課税、地域社会では仏教の戒律を破る「屠者」「屠児」「餌取」などを「悪」「穢」「罪業・罪穢」として決めつけて差別しながらも、それでも彼らを必要不可欠な人々として、「殺生」をさせ「皮革」の生産を義務づけたのだ。

天皇の居住地がある近畿地方では、早くから彼らの住まいを特定の地域に固定する「住み分け」が行なわれ、やがて太閤検地の「検地」「刀狩り」「身分統制令」で、農民と武士、商人や職人、皮革生産者等がそれぞれ別々の居住地、あるいは職業集団に編成され、その中の皮革生産者の集団が、神仏習合政治の価値観によって「穢れに触れる者」となり、そのため「被差別部落」と呼ばれるようになる。

二　肉食文化の伝統と、神仏習合政治の矛盾、対立、その解禁

また、肉食文化についても〝摩訶不思議〟としかいえない差別がある。まさに現代的差別に

あたるが、その差別も国家による「天候支配」とほぼ同次元にある。日本人が長いあいだ肉を食べなかったのはけっこう知られているが、これも仏教の「不殺生戒」からだ。

例えば〝すき焼き〟は日本の伝統的食文化として日本人に愛されるだけでなく、いまでは世界中どこに行っても、日本の伝統文化として知られ、愛されている。

〝すき焼き〟など日本の伝統食文化だけではない。町では西洋、東洋を問わずあらゆる地域、国の肉食文化が氾濫、繁栄、あり溢れて老若男女誰でも、そしてどこでも、肉を食べる楽しみを知り、大いに賑わう。

しかし、なぜだろうか、その食肉を生産する「屠場」の労働者は、今も部落差別に悩み、苦しい思いをすることがある。恋愛や結婚に関する話になると、成功することがあったり、失敗することがあるものの、いずれにしろ何かの形、レベルで、いつ、どこでも起きる差別の心配が付きまとう。あるいは自分の子への仕事の話などに〝話にくさ〟などが付きまとう。つまり部落差別が付きまとうのである。

『日本歴史大事典』は「肉食」の解説で、六七五年の天武天皇の「肉食禁止令」が書かれているが、それは「牛・馬・犬・猿・鶏の五種の動物に限っており、……農耕の円滑な推進のために肉食を禁じたと考えるべきで、一種の殺生禁止令とみなすことができる」としている。

反面、こうして発令された「肉食禁止」が「解禁」されるのは、一千年以上経った一八七一年（明治四年十二月十七日）であり、明治政府の太政官から発布されている。次のようだ。「肉食の禁は素と浮屠（仏教徒のこと・川元）の定戒なるが、中古以降宮中亦獣肉を用ゐるを禁じ、因襲して今に至る。然れども其の謂れなきを以て爾後之を解き、供御に獣肉を用ゐしめらる、乃ち内膳司に令して牛羊の肉は平常之を供進せしめ、豕・鹿・猪・兎の肉は時々少量を御膳に上せしむ」だ（『明治天皇紀　第二』。

実に千二百年以上「肉食禁止」が続いたことになるし、その原因についてここで「肉食の禁は素と浮屠の定戒なる」とし、仏教戒律の影響を明白にしている。しかしそれは「神仏習合」のためであることを示しておらず、一方的なものを感じる。

しかも、その禁止が『日本歴史大事典』でいう「農耕の円滑な推進のために」は直裁ではなく、歴代天皇が出した「天候支配」の「詔」でわかる通り、主要には「天候異変」の防止のためであるのは、朝廷が知らないわけがないのであって、こうした歴史の原点では、「殺生禁断」「肉食禁止」で「屠者」「屠児」「餌取」等がその禁令、仏教の「不殺生戒」を「破戒」せざるを得ない者が、あたかも「破戒」の「罰」であるかのように一方的・独善的思想としての「悪」「穢」などとされ、「排除」差別」を受けてきたが、そのことがまったく触れられていない、反省もされていない「肉食解禁」令であるのが分かる。

こうした日本の近代政治の在り方が、肉食文化の今日的繁栄と、人々の旺盛な関心をよそに、部落差別だけが残っていく、私はそれを「社会的構造差別」といってきたが、「肉食解禁令」を見ただけでも、そこに「部落差別の歴史」その原因、その原点や、端初が全くかえりみられることのない、あたかも「架空」の出来事であったかのような扱いを受けているのが正直な印象ではあるまいか。

それぞれの「差別」の原因を明らかにし、さらに、ここに示した「肉食解禁」の布告が示す通り「肉食の禁は素と浮屠の定戒なるが、中古以降宮中亦獣肉を用ゐるを禁じ、因襲して今に至る。然れども其の謂れなきを以て爾後之を解き」という、その「其の謂れなきを以て」の中身を披歴し、それを反省する姿がないと、庶民の歴史を「高みから見る」歴代の権力構造と変わらないこととなるだろう。

本論では、その歴代の天皇が、なぜ「殺生禁断」「肉食禁止」を発令してきたか、主要な側面はすべて見てきた。その思想はいうまでもなく仏教の戒律を守ると「天の怒りがおさまる」というもので、それを記した文献も多く示してきた。その時の「詔」の主要なものが「天候支配」の「願望」であったのは確かなことだ。そして、そうした前提、歴史の主要な部分を前に明治政府が「其の謂れなきを以て」といわざる得ない「肉食禁止」の歴史を具体的に示し反省する。そうすることで、本論の主要なテーマである「部落差別の原因」、その「原点」「端緒」と、それらが社会に拡大した「原理」が明確になり、人々、その政府、行政関係者も含め、その解決を自分の力で考え、それを集約する機会が発生するはずである。

三節　現代も「部落差別」が未解決、とする国家の認識

一　「解放令」の弱点を克服する

「解放令＝賤称廃止令」（以後「解放令」とする）布告以来のわが国の近代史、現代部落史を考えると、差別は柔らかくなっただろうと思われるし、環境改善事業をした「特別措置法」などで一部の地域で住環境が変わったところがあるとはいえる。しかしながら、差別の体質からして、この明治初期の「解放令」布告によって何がどのように変わったのか説明しがたいという実感があるのも正直なところではなかろうか。最近になってそれはさらに明確になり、その「解放令」は「成功」しているのではなく、現状では「失敗」しているといわざる得ない。それは様々な側面から指摘されており、政府・法務省の声明によっても明確にされた。

二〇一六年に国会で制定された「部落差別の解消の推進に関する法律」（部落差別解消推進法）には次のような表現がある。「この法律は、現在もなお部落差別が存在するとともに、情報化の進展に伴って部落差別に関する状況の変化が生じていることを踏まえ」というもの。部落解放運動の側から見るとまだまだ不十分であろうが、政府・法務省が先頭に立って「部落差

別の解消」に乗り出そうとする姿勢はこの部分にもあらわれており、様々な可能性を作りだすことができるだろうと、一定の評価ができると考えられる。

とはいえ、ここで私が関心を持ち、重要だと思うのは「初めて国が認めた」といわれる「現在もなお部落差別が存在する」という記述である。この記述は、現状を正直に反映しているものであろうが、明治初期の「解放令」を考えると、その「解放令」が、多くの人の指摘の通り、本格的な「解放」には遠く及ばず、解放に「失敗」していることを政府自らが示したことになる。

人の世の生活も仕事も、政治にしても、失敗や成功は日常茶飯事であろうが、一つの国の人々を代表する国家の政府が、その政治において失敗をした場合、素通りすることは許されない。国民の代表としての責任がある。この場合の責任とは、失敗の原因を明らかにすることだ。しかし、新法「部落差別解消推進法」を見るかぎり、そうした反省や思索の後はまったく見られないものになっている。

二　新法の「基本的理念」

この新法（部落差別解消推進法）はその使命を果たすため、次のような「基本的理念」を挙げている。

「全ての国民に等しく基本的人権の享有を保障する日本国憲法の理念にのっとり、部落差別は許されないものであるとの認識の下にこれを解消することが重要な課題であることに鑑み、部落差別の解消に関し、基本理念を定め、並びに国及び地方公共団体の責務を明らかにする」（法務省ＨＰ）「部落差別の解消の推進に関する法律」（部落差別解消推進法）。

これは、現代も差別が根強いことを認めたうえで、「人権」の思想をもって、その解消の具体性に踏み込みこもうとする姿勢が表明されているものだ。とはいえ、そのように表明される「基本的理念」が、日本国憲法の人権理念だけに終わっているのは、残念ながら物足りないものを覚える。この法は部落差別の解消を目的にしているものだ。それだけに、憲法だけでなく、ここに部落差別の原因、現代的差別の特徴の背景や、部落差別の歴史の、その内部に見える様々な事象からの思想、理念などにまで踏み込んで明記してほしかった。そうすれば多くの実のある思考、対話や教育が展開できる可能性があると思われる。

地球上には様々な差別があり、それらの差別が、すべての人がもつ基本的人権に反するものであり、それに対する抗議は今や世界的潮流である。また「日本国憲法」も基本的人権はすべての人が持ち、「侵すことのできない永久の権利」（第一一条）と主張している。先の「基本的理念」はそれらの思想的潮流をバックボーンとしており、しかも、今やこれら思想的、世界的潮流に正面から反対する者はいないと考えられる。

「部落差別解消推進法」がそうした潮流に乗っていることは確かであろう。とはいえ、視点を変えてみると、部落差別には一つの大きな特徴があることがわかる。それは部落差別だけが差別の原因、理由が今も明確にはわからない点である。障害者、ハンセン病者、女性差別、人種差別、民族差別など（最近はもっと多くなって、差別、人権問題は多様であるが）それらは全て「性」「肌の色」「民族」「身体的、性的個性」など、差別の原因が明確である。そのため、「差別者」も「被差別者」も、また第三者も、共通の認識を持って思考、対話、発信できる。

一方、部落差別の場合、もとの差別の原因が不明確であるため、長い歴史を持ちながら差別の原因が「よくわからない」「曖昧」なのが特徴的だった。だから「差別者」「被差別者」の間で共通の認識、思考、対話の回路が見つからない。人々の中には部落差別について「人にはいいがたい」けれど、「風評や憶測でその理由を考えた」という人もいるくらいだ。つまり、「差別の原因など知らないけれど、皆がそうするから……」とか「部落の人は昔悪いことをしたと聞いている……」「部落の人は汚い仕事をしていたのでしょう……」など、曖昧な認識を示したり、古くからの迷妄に囚われている例などが顔を出す。これらはルポタージュ、聞き取りなどしているとよく出会う話だが、こんな状況の中で「人権」を説くことがどれだけの効果を持つだろうかと考え込んでしまう。

もちろん「人権」は人間が最も大切にしなくてはならない思想であり概念だ。様々なところで活用し生かしていかねばならない。その意味で、部落差別を解消するためのこの新法の「基本的理念」として「人権」が中心的理念としてあるのは当然ではある。しかし、部落問題が本来的に持つ曖昧さや迷信じみた隠然たる「圧力」のようなものがあるだけに、新法でいう「人権」の言葉は「差別」を煙に巻き、あたかも無かったことのようにしながら「本音」と「建前」の使い分けに用いられている場合も多い。そのような事例や歴史があったことは事実だろう。

三　部落差別特有の歴史、そこに生まれた文化総体からの解放・解決

新法をそうした「建前」の人権に終わらせないために、本論で具体的に見てきた部落差別固有の歴史的問題をすべての人々と共有する必要がある。古代国家によつて「殺生禁断」が発令されながらの「皮革」に課税する「社会的絶対矛盾」は、すくなくとも、先ほど見た「肉食解禁」の一八七一年（明治四年）までは続いたわけだ。しかしこの「社会的絶対矛盾」を問題にした歴史書がどれほどあるだろうか。私自身は不勉強な者であるが、見たことも聞いたこともない。また仏教の「不殺生戒」が、神仏習合政治によって「天候支配」の思想として用いられ、「不殺生戒＝殺生禁断」の違反者＝「破戒」が天候異変を呼ぶ「悪」「穢」と「一方的・独善的」に認識されたこと。そしてその「悪」「穢」を排除する国家機関としての検非違使が、国家、天皇に「穢」が触れないようにするため、自らは「穢」に触れず、「代行」にやらせ、その「代行」が「穢」に触れた者として差別される。このような複雑な「差別の構造」をどれだけの人

が認識していただろうか。

四　原因を示すことでそれら総体からの解決が見えてくる

私が「部落差別の原因」とするのは、以上のような「社会的絶対的矛盾」を含んだ、複雑で入り組んだ「構造差別」のことである。そしてそこにある「部落差別の原因」は、誰が考えても国家の責任であり、この責任を国家が国民の前に明確に表明し、反省をしない限り、社会的構造差別として、その原因や理由がわからなくても差別が発生する状況となっている部落差別の解消は、非常に難しい課題になっていると考える。

例えば、「屠者」にしても「革作」にしても、その肉や皮革、毛皮は今や世界中に普及して人々を楽しませている。また、「延喜式」にあった、「殺生禁断」下の「租税」としての皮革生産は、中世以降の国家との「双務関係」で、強権的関係はなくなっている可能性は高い。しかしその可能性があっても、「革作」への差別は続いているのであって、やはり国家の「一方的政治」は無くなっていないことになる。私は「屠者」「革作」による豊かな文化製品の作成を「部落文化」の一つとし、その他「作庭」「解剖医学」（『解体新書』杉田玄白）の開発、あるいは「道の者」とも呼ばれたかつての神職ハフリ・ホフリたちによる「大道芸」「民間芸能」、「河原者」といわれた「片向く者（かぶくもの）」の歌舞伎、あるいはまた、肉を生産した動物の体は、毛を筆に、内臓は薬品に、血は肥料に、毛皮はいうまでもなく今では高級衣料となる。これら「部落文化」が現代の人々の生活を豊かにし、楽しませている。その事実を人々が認識し、共に楽しむ。そうした文化、社会形態の共有が、部落差別を無くすのに最も身近で、分かりやすいものだと考える。

そのためにも「部落差別が起こった」その原因が国家による「天候支配」の妄想にあったことを一日も早く明らかにすべきと考える。そうでなければ、「部落文化」の貴重な財産、歴史も、「曖昧な」認識の中で埋もれたままになるだろう。

「部落差別は国家の責任」といっても、国家そのものが、それをそう簡単に認めようとしないだろうし、「国民への表明」となると、一層ためらうであろう。

しかし、よく考えてもらいたい。明治政府は天皇も含めた「太政官」において千年以上続いた「肉食禁止」を「解禁」するために、一八七一年（明治四年十二月十七日）、次のような声明を発表しているのだ。「肉食の禁は素と浮屠（仏教徒）の定戒なるが……因襲して今に至る。然れども其の謂れなきを以て爾後之を解き」だ（『明治天皇紀　第二』）。

これは天皇を頂点とした太政官の布告であるが、仏教の「戒律」に対して「然れども其の謂れなきを以て爾後之を解き」と言明しているのである。「天候支配」に置ける「罰則」ともいえる「殺生」の「一方的・独善的」で、差別の原点といえる思想も、仏教の「戒律」からはじまっているのだ。だから明治国家のこの肉食解禁の姿勢、この宣明に習って、改めて「天候支配」の間違いを国家が表明すべきだ。

千年以上続いた「屠者」「革作」「ハフリ・ホフリ」達への「偏見・差別」であるが、国家がこうした声明を出せば、部落差別固有の歴史的問題、特に、国家によるこれまでの「一方的・独善的」価値観による偏見の押しつけであり、また「屠者」「革作」あるいは原始古代から動物供犠を行なった「ハフリ・ホフリ」への偏見・差別であることに多くの人が気づくきっかけを持ち、その間違いを語り合い、一人一人が反省する材料になるだろう。また学校、社会教育で取り上げることで、部落差別の根にある「一方的・独善的価値観」から生まれる「偏見・差別」を解消する手掛かりを一人ひとりが学び、考えることができることになる。それによって、人々の共通の理解が生まれ、人々の知恵が、その解消の方向をつかみ取るのは間違いないだろう。

そうした手段、手法を持つことは、「差別者」も「被差別者」も、自分に対し、あるいは他者に対し、適切で、科学的、教育的、かつ説得力のある思考が生まれ、豊かな社会になる道筋となるはずだ。

了

あとがき

幼いころから、自分の体験の中で最も不可解な「部落差別」あるいは「部落民」という形容がいつの間にか、自分では自覚しえない時空間——それが歴史的時空間から発生しているのが自覚できるのは十代半ばだと思うが——いうなれば全く自分・本人には関係のないところから、そしてその理由もわからないまま背負わされた。

背負ったものは一定の「形容」——一つの形容を軸に様々に代わるが——で呼ばれるとはいえ、その形容そのものが普段の生活感覚ではほとんどわけのわからないネガティブなもので、いかにも「排除的」「否定的」なので、そんな、誰がなぜいい出したかわからないものをいちいち気にしてはいられないと、自分の肩から外し、身軽になろうと思うこともでき、一定の覚悟をすれば、それは可能と思えるのだった。

その覚悟とは、それを一切話題にしないとか、隠すことになるのだったが、それは、これまで社会全体が習慣的に持ってきたものでもあるので、自分で自由に肩から外すのはなかなか難しく、やむなく背負って歩こうと思うようになった。付きまとって離れないものなら自分で積極的に背負い、「部落民」という、いつどんなときでも自分の人生にとってプラスにはならない、マイナスイメージの強力なそのレッテルを自分で持ち歩き——人はそれを無視し、隠そうとするのに反して、私はそれを〝自分で引き受け〟いわばわけのわからない歴史的空間にあるものを自分の体内に貼り付け――友人や知人、あるいは、始めて出会う人に対しても、隠すことなく語り、そのレッテル・マイナスイメージによって自分に、果たして何が起こるのかを、試し、体験し、そしてそれを「小説」などに書いてやろうと決意した。

結論を先にいうと、そのレッテルはくだらなく、語る価値もないものと、軽くあしらえそうなのに、意外にも根強く複雑で、軽薄でありながら、もつれてしまったもののようで、敢えてその「嫌なマイナスイメージ」といえるところを文章として書けば、それは一度書けば、他の色合いを持つマイナスイメージも結局は、先に書いたものと大差はなく、一度書けば、同じことばかり書き続けることになるだろうと予想された。それを書き続ければ、私の親族に少なからず悪影響が及ぶであろうことも予想された。そのような性質をもつものであることも、容易に想像できる――実際に親族からそうした反応が起こり、親交が途絶えている事実もある――のである。

こうした歴史的時空を持つ、くだらない、低レベルの発想で、誰かの自分本位の妄想的発想、思いつきの産物でもあるだろうが、そうした発想がなぜ生まれたのか、いつどのように生まれたのか、そうした関心を長く持っていた。それを自分のものとして背負ってみようと思ってからは、「部落史」といわれるものに関心を持つようになり、本格的に取り組んでみようと思うようになったのは、そんなに古いことではなかった。

　このような馬鹿げたイメージ、「部落民」と形容される人々へのマイナスイメージはいつ、どのように生まれたのか。乏しい知識を頼りに、関心をもって、古代から見直そうとしたのは十数年前だった。私が七十歳になったばかりのことだ。

逆説的ではあるが、それは意外と面白く、仏教経典を探すのも、図書館の相談室などで相談すると、思ったより簡単に見出せることもわかってきた。


「序文」でも指摘したが、中世史家の脇田晴子は中世的差別と前置きしながら、それを仏教の「忌穢・触穢思想」とし、参考文献として古代末期から中世初期に書かれた『今昔物語集』や『日本霊位記』などを示す。同じ説は他の研究者も指摘しているが、私は少し不満を持っていて、差別の原因が仏教の「忌穢・触穢思想」にあるなら、その仏教の仏教書そのものから差別、あるいはその原点に当たるものを取り上げたいと思った。そこで私は、日本に仏教が伝来して以来、「国家仏教」として、また六世紀後半「神仏習合政治」が始まって以来、その中心的役割を果した「護国三部経」の中に「部落差別の原点」あるいは「原因」に当たるものがあるのかを調べようと考えた。

漢文は辞書がないと読めないし、仏教の経典などを読んだこともない私にはかなり無理のある、しんどい作業になるのは最初から分かっていたが、これを突破しないと「部落差別の原因」は、本格的には解けないかも知れない、という思いが私を動かした。

その作業に取りかかったのは今から十二、三年前だ。仏教の経典などは、全て漢文であり、しかも見たこともない漢字ばかりで、それを読み下すには、相当厚い漢和辞典が必要だった。漢字、一字一字の意味、読みを辞書で引き、やっと読みこなす。そうした作業が数年続いたのである。その間、私は新聞も読まずに机に座っていた。この作業以外のことをやると、感覚がそちらに向いてしまい、この慣れない作業の感覚、記憶が、かつての日常に戻り、作業が続かなくなるのではないかと危惧するほどだった。

そうした状態が続いたことで、それまでの友人、知人への礼節や、返信、返礼など、ほとんど抜けてしまう生活になってしまっていた。この場をもってお詫びすることで許してもらう以外ないのであるが、ともあれ、古代の「護国三部教」の解読から始まった作業と史料は、私に多くの示唆を与えてくれた。

六世紀末に始まった「神仏習合政治」の中、仏教の戒律が政治権力として活用され、多くの矛盾を持ち、しかもその矛盾は政治的に解決されるのではなく、さまざまな「犠牲」を強権的に残しながら進み、「神仏習合政治」が終わった後も、いわば大衆的には「意味も分からない」ままにその「犠牲」だけは残る。そうした社会構造を作ってしまった。

これまでも言ってきた、部落差別の「不可解」さ「不明さ」「複雑さ」はそうした社会構造の中にすっぽりとはまり込んでしまっているのが大きな要因と言える。どんなに困難で小難しくても、この問題を解明、解決しなければ、この国の「民主主義」は成り立たない。そういう課題であると確信している。

本書を上梓するに当たって、いろいろ指摘され、多く方々の協力を得たことにも、改めて感謝する次第です。

三一書房の編集部には、私は若いころからお世話になり、新書版『部落差別とは何か』、単行本としては『被差別部落の形成と構造』『開港慰安婦と被差別部落』など数冊を上梓してもらっていた。

その三一書房で一九九八年より、ロックアウトや懲戒解雇をはじめとする組合攻撃が始まり長い労働争議となっていた。十三年越し二次にわたる争議の末、二〇一一年に労働組合への事業譲渡で解決を迎え、現在の三一書房にいたった。長い闘争の歴史を持っている。

争議時に著者らが「三一書房の良心の灯を支える表現者の会」を結成し組合を支援してきた。再出発した三一書房の書籍に、私の『部落差別の原因』が加わることは大きな喜びだ。

◉川元祥一（かわもと・よしかず）
作家、評論家
1940年兵庫県神戸市に生まれ、岡山県津山市で育つ。1965年明治大学文学部卒。
伝統芸能研究・千町の会 代表。東京学芸大学非常勤講師。立教大学非常勤講師。東日本部落解放研究所 所員。東京都人権啓発センター評議委員（2016—2022年）

【主な著書】

小説:『闇にひろがる翼』（筑摩書房・1975）、『地の舞い空の舞い』(彩流社・1994)、『谷間の悠久』(解放出版社・1999)、『もう一つの現代』(三一書房、1996)

評論:『被差別部落の構造と形成』（三一書房、1985）、被差別部落の生活と文化史』 (三一書房・1991)、『部落問題とは何か』(三一書房・1994)、『開港慰安婦と被差別部落』（三一書房、1997）、『部落差別を克服する思想』（解放出版社・2001）、『和人文化論』（御茶の水書房・2005）、『部落差別の謎を解く』(モナド新書・にんげん出版・2009)、『部落文化・文明』(御茶の水書房・2010)、『脱原発・再生文化論』(御茶の水書房、2011)、他

ルポ:『関東の部落を行く』(解放出版・1980)、『旅芸人のフォークロア』 (農文協・1998)、他

児童文学:『渋染一揆』（解放出版社・1975）、『山の粥』（解放出版社・1991）、『春駒』(明治図書・2005)、『夜明けの人々』（明治図書・2005）、他

部落差別の原因
国家による天候支配の思想＝仏教の「殺生禁断」

2024年2月9日　　第1版第1刷発行
著　者―― 川元祥一　©2024年
発行者―― 小番伊佐夫
装丁組版― SaltPeanuts
印刷製本― 中央精版印刷
発行所―― 株式会社三一書房
〒101-0051
東京都千代田区神田神保町3-1-6
☎03-6268-9714
振替 00190-3-708251
Mail info@31shobo.com
URL https://31shobo.com/

ISBN978-4-380-24001-0 C0036 Printed in Japan